성공하는 10대들의

7 가지 습관

워크북

THE 7 HABITS OF
HIGHLY EFFECTIVE TEENS
PERSONAL WORKBOOK

BY SEAN COVEY

성공하는 10대들의 7가지 습관

워크북

손 코비 지음 | 김경섭 옮김

김영사

성공하는 10대들의 7가지 습관
워크북

저자_ 숀 코비
역자_ 김경섭

1판 1쇄 발행_ 2005. 6. 20.
1판 11쇄 발행_ 2022. 3. 10.

발행처_ 김영사
발행인_ 고세규

등록번호_ 제406-2003-036호
등록일자_ 1979. 5. 17.

경기도 파주시 문발로 197(문발동) 우편번호 10881
마케팅부 031)955-3100, 편집부 031)955-3200, 팩스 031)955-3111

값은 뒤표지에 있습니다.
ISBN 978-89-349-1881-3 03320

홈페이지_ www.gimmyoung.com   블로그_ blog.naver.com/gybook
인스타그램_ instagram.com/gimmyoung   이메일_ bestbook@gimmyoung.com

좋은 독자가 좋은 책을 만듭니다.
김영사는 독자 여러분의 의견에 항상 귀 기울이고 있습니다.

어머니에게

그 모든 자장가와 늦은 밤의 이야기들에 감사하며…

어떤 이야기가
있을까?

반갑습니다!   8

| 1부   기초 다지기 |

습관을 들여라 ···14
    습관은 우리의 운명을 좌우한다

패러다임과 원칙 ···19
    우리는 보는 시각과 인식대로 행동한다

| 2부   개인의 승리 |

개인감정은행계좌 ···36
    거울 속의 사람과 시작하기

습관 1 자신의 삶을 주도하라 ·······································53
    내가 바로 내 인생의 주인이다

습관 2 끝을 생각하며 시작하라 ···································81
    자신의 운명을 스스로 컨트롤하지 못하면
    다른 사람이 컨트롤할 것이다

습관 3 소중한 것을 먼저 하라 ·····································109
    할 일과 안 할 일 구별하기

어떤 이야기가 있을까?

3부 공동의 승리

관계감정은행계좌 ·· 130
　　삶을 구성하는 요소

습관 4 승 – 승을 생각하라 ·· 143
　　삶이란 모두가 배불리 먹을 수 있는 뷔페와 같다

습관 5 먼저 이해하고 다음에 이해시켜라 ··············· 159
　　우리는 귀가 둘이고, 입이 하나다

습관 6 시너지를 내라 ·· 181
　　'더 좋은' 방법

4부 자기 쇄신

습관 7 끊임없이 쇄신하라 ·· 209
　　나를 위한 시간

희망이 살아 숨쉬게 하라! ·· 245
　　얘야, 너는 산을 옮길 수 있단다

반갑습니다!

　여러분은 '내가 어쩌다 이 워크북을 갖게 되었지? 해야 될 공부도 많은데…'라고 생각할지 모르겠습니다.

　그렇게 생각한다고 여러분을 탓하지 않겠습니다. 나도 10대였을 때는 그렇게 생각했으니까요. 내 소개를 해야겠네요. 나는 숀이라고 합니다. 《성공하는 10대들의 7가지 습관》의 자매책인 이 워크북을 쓴 사람이죠.

　나는 비록 10대를 졸업하기는 했어도 10대 시절이 어떠했는지 잘 기억하고 있습니다. 그때 나의 감정은 롤러코스터를 타는 것처럼 불안하고 기복이 심했습니다. 되돌아보면 그 시절을 견뎌냈다는 것이 믿어지지 않습니다. 가까스로 버텼지만 어쨌든 무사히 보냈습니다. 나는 요즘의 10대들은 그때보다 더 힘들다는 것을 인정합니다. 10대들의 삶은 더 이상 놀이터가 아닙니다. 그것은 위험한 정글입니다. 나는 최근 많은 10대 청소년들과 대화를 나누면서 물었습니다. "네게 가장 힘든 일이 뭐지?"

　아이들은 이렇게 대답했습니다.

　"학교생활 잘하는 것."

　"방과 후 친구 전화, 숙제, 가족 돕기를 동시에 하는 것."

　"부모님과 잘 지내는 것."

　"나 자신에 대해 만족하는 것."

　"친구들과 사귀고 친구들과 잘 지내는 것."

　"최신 유행하는 옷, 음악을 파악하는 것."

"인스타그램과 페이스북에서 친구들이 쓴 것들을 놓치지 않는 것."

"데이트와 섹스에 대한 생각을 조절하는 것."

"음주, 흡연, 약물에 대해 현명한 선택을 하는 것."

그 외에도 어려운 점들이 많이 있었지만, 이런 것들이 가장 큰 문제였던 것 같습니다. 그것이 바로 내가 《성공하는 10대들의 7가지 습관》과 이 워크북을 쓴 이유입니다. 나는 여러분이 이 문제들을 올바르게 다루고 위험한 정글에서 벗어나도록 도와주기 위해 이 책을 썼습니다. 간신히 살아가는 삶이 아니라 좀더 여유 있고 강한 삶을 만들어주고 싶은 마음입니다.

이 워크북은 10대들을 위하여 쓴 책입니다. 그래서 재미있는 활동, 개인 퀴즈, 자기 성찰적 질문 등으로 가득 차 있습니다. 하지만 걱정하지 마세요. 학교 숙제 같지는 않을 것입니다. 자신의 삶에 대해 깊이 생각하고, 자신의 강점과 약점을 탐구하는 데 도움이 되는 개인일기 정도로 생각하면 될 겁니다. (다른 사람이 읽는 것을 원치 않는다면, 보여주지 마세요.) 이 책은 자신의 삶이 어디로 가고 있는지 분명하게 아는 데 도움이 될 것입니다. 자신의 삶에 던지는 도전장이 될 것입니다. 자신이 어디서 길을 잃고 있는지 확인시켜 주고, 자기쇄신을 도와줄 것입니다. 이 책은 여러분에게 내면의 감정과 욕구를 솔직하게 기록할 것을 요구합니다. 이 모든 것이 보다 행복한 삶을 위해 더 좋은 습관을 만드는 데 도움을 줄 것입니다.

이 책의 효용을 극대화하는 방법

이 워크북이 좋은 경험이 될 수 있게 해주는 몇 가지 방법들을 소개하겠습니다.

• 기록하고 표시하세요! 컬러볼펜이나 매직펜, 형광펜을 사용해 기억하고 싶은 부분을 표시하세요. 빈 공간에 무엇이나 적으세요. 낙서도 좋습니다. 자

신에 대해 기록하세요. 적으라고 만들어놓은 것이 이 책입니다. 자신의 책으로 만드십시오. 재미있게 사용하십시오!

- 적고 또 적으십시오. 모든 활동을 적극적으로 하고, 질문에 빠짐없이 대답하십시오. 적으면 적을수록 자신에 대한 새로운 사실들이 계속 나올 것입니다. 자신에 대해 지금까지 알지 못했던 완전히 새로운 사실들을 발견하게 될 것입니다.

- 자신이 좋아하는 명언들을 찾으십시오. 이 책에는 정말로 도움이 될 명언이 많이 수록되어 있습니다. 그러니 자신이 좋아하는 명언을 찾아서 적고, 거울이나 사물함 등 잘 보이는 곳에 붙여두십시오.

- 7가지 습관을 '자신의 삶'에 적용하십시오. 이 책은 자신을 위한 워크북입니다. '친구가 이 책을 보면 좋을 텐데' 혹은 '부모님이 이 책을 사용할 수 있다면 얼마나 좋을까!'라고 생각하지 마십시오. 자신을 어떻게 개선할 수 있는가에 초점을 맞추고, 자신의 문제에 이 습관들을 적용하십시오.

- 배운 것을 다른 사람들과 나누십시오. 마음에 드는 내용에 대해 가까운 친구, 엄마, 아빠, 보호자, 기타 자신과 가까운 어른들에게 이야기하십시오. 그들에게 자신의 약속과 어떻게 바뀌고 싶은지 말하고 그들의 도움을 요청하십시오.

- 순서에 구애받지 마십시오. 이 책을 처음부터 끝까지 순서대로 진행할 필요는 없습니다. 자유롭게 건너뛰고, 언제라도 하고 싶은 활동을 하십시오. 그러면 더욱 재미있을 것입니다.

《성공하는 10대들의 7가지 습관》을 함께 사용하십시오

이 워크북의 효용을 극대화하기 위해 《성공하는 10대들의 7가지 습관》(이하 《성공하는 10대》)을 자매책으로 사용하면 좋을 것입니다. 그 책에는 7가지 습관의 배경과 해설이 담겨 있습니다. 그 책은 또한 내용을 이해하는 데 도움이 되는 좋은 이야기들을 담고 있습니다. 필요할 때 참고할 수 있도록 이 워크북에 해당되는 그 책의 페이지를 적어놓았습니다.

무엇을 배울 것인지 생각해 보십시오
끝으로 이 책을 대강 살펴보고 무엇을 얻을 것인지 생각해 보십시오. 다음 질문에 기초하여 이 책에서 개인적으로 기대하는 것을 적으십시오.

_ 내가 이 책에서 배우고 싶은 것은 :

_ 현재 내가 안고 있는 가장 큰 문제는 :

_ 이 책이 어떤 식으로 그 문제의 해결을 도와줬으면 좋겠는가?

이 책을 마칠 때까지 즐거운 여행이 되기를 바랍니다.

1부

기초 다지기

습관을 들여라

습관은 우리의 운명을 좌우한다

패러다임과 원칙

우리는 보는 시각과 인식대로 행동한다

습관을 들여라
습관은 우리의 운명을 좌우한다

습관이란 도대체 무엇인가?

《성공하는 10대》 18~29페이지를 읽어라.
성공하는 10대들의 7가지 습관은 다음과 같다.

습관 1 자신의 삶을 주도하라

　　　　자신의 삶에 책임을 져라

습관 2 끝을 생각하며 시작하라

　　　　삶의 목표와 사명을 정하라

습관 3 소중한 것을 먼저 하라

　　　　우선순위를 정하고, 가장 중요한 것부터 먼저 하라

습관 4 승-승을 생각하라

　　　　모두가 이길 수 있다는 태도를 가져라

습관 5 먼저 이해하고 다음에 이해시켜라

　　　　사람들의 말을 진지하게 경청하라

습관 6 시너지를 내라

　　　　더 많은 성과를 거두려면 협력하라

습관 7 **끊임없이 쇄신하라**

규칙적으로 자신을 새롭게 하라

습관은 반복적으로 하는 행동이다. 하지만 우리는 보통 자신에게 그러한 습관이 있다는 것을 알지 못한다. 습관은 자동조종장치autopilot와 같다. 어떤 습관을 가졌느냐에 따라 우리의 운명이 달라져서 성공하기도 하고 실패하기도 한다. 다행히 우리는 습관보다 강하다.

이제 우리가 갖고 있는 좋은 습관들을 살펴보도록 하자(좋은 습관에는 규칙적으로 운동하기, 신의 있는 친구 되기, 시간을 잘 지키기 등이 있다.).

나의 습관

_ 나의 좋은 습관 4가지

1. _____
2. _____
3. _____
4. _____

> 처음에는 우리가 습관을 만들지만, 나중에는 습관이 우리를 만든다.
> _존 드라이든John Dryden

_ 이 습관을 갖게 된 이유는 :

_ 이 습관을 가짐으로써 얻게 되는 좋은 결과는 : (예: 나의 똑바른 자세가 사람들에게 자신감 있게 보인다.)

_ 습관이 항상 긍정적인 것만은 아니다. 습관은 좋을 수도 있고, 나쁠 수도 있고, 중립적일 수도 있다. 자신의 중립적인 습관을 적어라.(예: 나는 그릇에 시리얼

보다는 우유를 먼저 붓는다.)

이제 스스로 부끄럽게 생각하는 습관을 적어보도록 하자. 다음 문장을 완성하라.

_ 나의 나쁜 습관은 :

_ 이 습관을 갖게 된 이유는 :

_ 이 습관을 가진 기간은 :

_ 이 습관을 가짐으로써 얻게 되는 나쁜 결과는 : (예: 나는 교실에서 몰래 문자를 보내느라 노트 필기를 하지 못하고, 낮은 성적을 받는다.)

_ 이 습관들 가운데 가장 우선적으로 고치고 싶은 습관은 :

나쁜 습관을 좋은 습관으로 전환하기
다음 표에 지금까지 확인했던 나쁜 습관들을 적어라. 다음 한 주 동안 이 표를 갖고 다니면서, 나쁜 습관을 좋은 습관으로 전환하는 도구로 사용하라.

고치고 싶은 나쁜 습관	대신 갖고 싶은 좋은 습관

학교생활

1. _____
2. _____
3. _____

1. _____
2. _____
3. _____

가족생활

1. _____
2. _____
3. _____

1. _____
2. _____
3. _____

교우관계

1. _____
2. _____
3. _____

1. _____
2. _____
3. _____

기타

1. _____
2. _____
3. _____

1. _____
2. _____
3. _____

7가지 습관의 좋은 점은 각 습관이 서로 연관되어 있다는 것이다. 그것은 서로 이어지면서 체계적으로 발전하는 과정이다. 미적분을 배우기 전에 산수를 배우고, 철자법을 배우기 전에 알파벳을 배우고, 웹사이트를 올리기 전에 프로그래밍을 먼저 해야 하는 것과 같은 과정이다. 나무도 역시 이런 식으로 자란다. 튼튼한 뿌리를 내리고 나서 줄기, 가지, 잎이 성장한다.

지금까지 배운 7가지 습관을 다음 페이지 나무의 빈칸에 적어라.

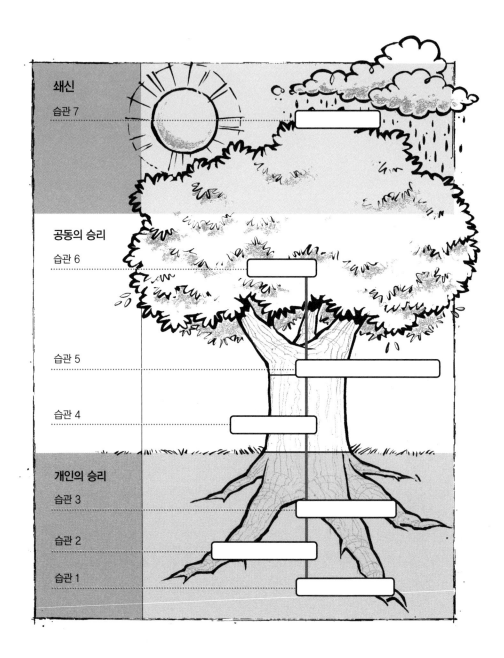

쇄신

습관 7

공동의 승리

습관 6

습관 5

습관 4

개인의 승리

습관 3

습관 2

습관 1

패러다임과 원칙

우리는 보는 시각과 인식대로 행동한다

그럼 패러다임이란 무엇인가?

패러다임은 사물을 보는 방식, 관점, 인식의 틀, 믿음을 말한다. 이미 알아차렸겠지만 패러다임이 정확할 수도 있지만 목표에서 벗어나거나, 틀리거나, 불완전할 수도 있다.

중세로부터 19세기 후반까지 의사들이 아픈 사람은 병든 피를 갖고 있다고 믿었다는 사실을 아는가? 그래서 의사들은 '병든 피'가 다 빠졌다고 생각될 때까지 환자에게서 피를 빼냈다. 사실 조지 워싱턴은 인후통과 고열이 아니라 이러한 잘못된 인식에 기초한 잘못된 치료에 의해 사망했다.

우리는 이제 세균에 대해, 그리고 세균이 인체에 침입하여 질환을 일으킬 수 있다는 것을 알고 있다. 그래서 다른 치유방식으로 질환을 치료한다. 더 이상 환자에게서 피를 빼내는 일은 하지 않는다. 그

> 패러다임은 안경과 같다.
> 자기 자신과 전체 삶에 대해
> 불완전한 패러다임을 갖는 것은
> 도수가 맞지 않는 안경을 쓰는 것과 같다.
> 이 안경은 모든 사물을 보는 데
> 영향을 미친다.
> _숀 코비|Sean Covey

것은 치유에 대한 부정확하고 불완전한 패러다임이었다.

역사상 가장 바보 같은 발언 10가지

(10) "개인들이 집에 컴퓨터를 가지고 있을 이유가 없다."
－케네스 올센Kenneth Olsen, 디지털 이퀴프먼트사 설립자 겸 회장, 1977년

(9) "비행기는 재미있는 장난감일 뿐, 군사적으로는 전혀 가치가 없다."
－페르디낭 포슈Ferdinand Foch 장군, 프랑스 군사전문가, 제1차 세계대전 시 사령관,
1911년

(8) "(인간은 달에 가지 못할 것이다.) 미래에 아무리 과학이 발달해도."
－리 드 포레스트Lee De Forest 박사, 3극진공관 발명자, 라디오의 아버지, 1967년 2월
25일

(7) "(텔레비전은) 판매가 시작된 후 6개월이 지나면 시장에서 사라질
것이다. 사람들은 매일 밤 합판으로 만든 상자를 쳐다보는 데 지
겨움을 느낄 것이다."
－대릴 자눅Darryl F. Zanuck, 20세기폭스사 사장, 1946년

(6) "우린 그들의 음악을 좋아하지 않는다. 기타를 치는 그룹은 퇴조하
고 있다."
－데카 레코드사, 비틀즈를 거부하며, 1962년

(5) "대다수의 사람들에게 담배는 유익한 효과를 가지고 있다."
－이안 맥도널드Ian G. Macdonald 박사, LA 외과의사, 〈뉴스위크〉에서 인용, 1969년 11월
18일

(4) "전화는 통신수단으로 생각하기에는 너무 결점이 많다. 이 기계는
우리에게 아무런 가치가 없다."
－웨스턴 유니언 내부 문서, 1876년

(3) "지구는 우주의 중심이다."
－프톨레미Ptolemy 이집트의 대천문학자, 2세기

② "오늘은 어떤 중대한 일도 일어나지 않았다."

—영국 조지 3세의 글 중에서, 1776년 7월 4일(미국이 영국으로부터 독립을 선언한 날)

"2년 이내에 스팸문제가 해결될 것이다."

—빌 게이츠, 세계경제포럼, 2004년

_ 그 외에 부정확하거나 불완전한 것으로 드러난 역사 속의 패러다임은 어떤 것들이 있는가? (예 : 지구는 편평하다.)

_ 역사 속의 이 부정확한 패러다임들이 세계에 어떤 영향을 미쳤는가?

패러다임과 원칙

자신에 대한 패러다임

패러다임은 사물을 보는 방식, 관점, 인식의 틀, 믿음을 말한다. 따라서 자신에 대한 패러다임은 자기 자신을 어떻게 보느냐 하는 것이다. 우리가 자신을 어떻게 보든 우리는 아마 옳을 것이다. 스스로 학교생활을 잘한다고 생각하면, 실제로 잘할 수 있다. 수학을 잘 못한다고 생각하면, 실제로 잘 못할 것이다. 우리가 자신에 대해 갖고 있는 패러다임은 우리에게 도움이 될 수도 있고, 방해가 될 수도 있다. 자신에 대한 긍정적인 패러다임은 스스로 최고의 재능을 발휘할 수 있게 해준다. 반면 자신에 대한 부정적인 패러다임은 스스로를 제약할 수 있다.

_ 내가 나 자신에 대해 갖고 있는 긍정적 패러다임은 :

_ 나의 공헌 때문에 내 이름을 따서 명명할 만한 것은 무엇이 있겠는가?

_ 내가 나 자신에 대해 갖고 있는 부정적 패러다임은 :

_ 부모님이나 보호자, 직장의 상사, 학교의 선생님이 나에 대해 갖고 있는 패러다임은 :

_ 그들의 패러다임과 내가 갖고 있는 패러다임을 비교해 보라. (일치하는가 일치하지 않는가?)

_ 그들이 옳을 수 있는가? 그것을 어떻게 알 수 있겠는가?

나의 패러다임 평가하기
《성공하는 10대》 33~37페이지 "자신에 대한 패러다임"을 읽어라. 이제 다음 설문을 통해 자기 자신을 어떻게 보고 있는지 진단하라.

	예	아니오
나는 다른 사람들의 감정을 배려할 줄 아는 사람이다.		
나는 학교생활을 잘한다.		
나는 친절한 사람이다.		
나는 대체로 행복한 사람이다.		
나는 총명하다.		
나는 다른 사람들에게 도움이 된다.		
나는 훌륭한 운동선수이다.		
나는 재능이 있다.		
나는 활동가다.		
나는 가족으로서의 책임과 의무를 다하고 있다.		
나는 나쁜 사람이다.		
나는 게으르다.		
나는 행복한 때가 별로 없다.		
나는 똑똑하지 않다.		
나는 아무것도 못 한다.		
나는 매력이 없다.		
나는 인기가 없다.		
나는 좋은 친구가 아니다.		
나는 정직하지 않다.		
나는 신뢰성이 없다.		

이 가운데 부정적 패러다임이 1개라도 있다면, 다음 문장을 완성하라.

_ 바꾸고 싶은 부정적 패러다임은 :

패러다임의 전환

만일 자신에 대한 패러다임이 모두 틀리다면, 어떻게 하겠는가?

_ 나를 믿고 나의 가능성을 인정하는 사람과 함께하는 시간을 가져라. 그 사람은 누구인가?

_ 나를 헐뜯고 무시하며 하기 싫은 것을 하라고 강요하는 친구들을 배제하라. 내가 배제시켜야 할 친구들은 누구인가?

_ 패러다임의 전환을 위해 다른 사람의 관점에서 사물을 보려고 노력하라. 사물의 다른 면을 보기 위해 나에게 어떤 상황이 필요한가?

다른 사람에 대한 패러다임

우리는 자신에 대한 패러다임뿐 아니라 다른 사람에 대한 패러다임도 갖고 있다. 이 패러다임 또한 서로 일치하지 않을 수 있다. 지금까지와는 다른 관점에서 사물을 보는 것이 다른 사람의 행동방식을 이해하는 데 도움이 될 것이다. 우리는 때때로 모든 사실을 알지 못한 채 사람들을 판단한다.

우리의 패러다임은 불완전하고, 부정확하고, 완전히 틀린 경우가 많다. 따라서 다른 사람에 대해 혹은 자기 자신에 대해 성급하게 판단을 내리거나, 부정적인 꼬리표를 붙이거나, 고정관념을 갖지 말아야 한다. 우리의

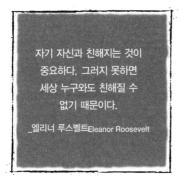

자기 자신과 친해지는 것이 중요하다. 그러지 못하면 세상 누구와도 친해질 수 없기 때문이다.

_엘리너 루스벨트Eleanor Roosevelt

관점은 제한되어 있기 때문에 전체를 보지 못하거나 모든 사실을 알지 못한다. 우리는 새로운 정보, 새로운 아이디어, 새로운 관점에 마음을 열어야 한다. 그리고 자신의 패러다임이 틀리다는 것이 분명해지면 기꺼이 바꿀 줄 알아야 한다.

_ 내가 모든 사실을 알지 못해서 부정확하게 판단한 사람은 누구인가?

_ 나의 패러다임을 바꿀 수 있는 방법은 : (즉시 취할 수 있는 행동을 적어라.)

_ 내가 다른 사람이 스스로의 패러다임이 불완전할 수 있다는 것을 깨닫도록 도울 수 있는 방법은 : (자신의 행동 혹은 계획을 적어라.)

_ 내가 모든 사실을 알지 못해서 부정확하게 판단한 상황이나 다툼은 무엇인가?

삶에 대한 패러다임

자신이나 다른 사람에 대한 패러다임 외에 우리는 세상 전체에 대한 패러다임도 갖고 있다. 우리가 중요하다고 생각하는 것들이 우리의 패러다임, 안경, 삶의 중심이 될 것이다. 10대들에게 인기 있는 삶의 중심은 친구, 소유, 남자친구/여자친구, 학교, 부모, 스포츠나 취미, 영웅, 적, 자기 자신, 일 등이다. 이러한 삶의 중심들은 각기 장점을 갖고 있지만 또한 모두 불완전하다. 이제 언제든 의지할 수 있고 완전한 중심, 즉 원칙 중심에 대해 살펴보도록 하자.

당신의 문제는
문제 자체가 아니라
그 문제에 대한
당신의 태도이다.

_앤 브래셰어스Anne Brasheres

미안하지만 모든 걸 함께할 수는 없어!

자신의 삶의 중심을 확인하기 위해 다음 설문에 답하라.

	A	B	C	D	E	F
	■	■	■	■	■	■

1. 당신은 화요일 저녁 집에서 삼각법에 대한 숙제를 하고 있다.
   진도가 영 안 나가고 따분하다. 그때 바깥에 친구들이 몰려와
   서 간식을 먹으러 가자고 소리친다. 당신은 어떻게 하겠는가?
   a. 따분해도 숙제를 계속하기로 했다면, F에 표시하라.
   b. 친구들을 따라가기로 하고 숙제는 나중에 언제라도 할 수
      있다고 자신에게 말한다면, A에 표시하라.

2. 당신의 가족은 플로리다로 5일간 여름휴가를 갈 계획이다. 당
   신은 같이 가고 싶지만 5일간 아르바이트를 빼먹으면, 학교 갈
   때 입을 옷을 사지 못할 것이다. 당신은 어떻게 하겠는가?
   a. 집에 남아서 계속 일을 하기로 했다면, B에 표시하라.
   b. 가족들과 함께 휴가를 가기로 했다면, F에 표시하라.

3. 당신은 친구들과 만나기로 하고 나갈 준비를 마쳤다. 그들은
   이미 약속장소에 와 있을 것이다. 그때 남자친구/여자친구로
   부터 전화가 온다. 그는/그녀는 자기 집에 와서 함께 비디오를
   볼 수 있는지 묻는다. 당신은 어떻게 하겠는가?
   a. 남자친구/여자친구의 집에 가기로 했다면, C에 표시하라.
   b. 남자친구/여자친구에게 친구와 약속이 있다고 말하기로 했
      다면, F에 표시하라.

4. 밤 11시, 당신은 영어시험 준비를 하고 있다. 저녁 내내 공부했
   고, 내일 시험에 자신이 있다. 피곤해서 자고 싶다. 하지만 현
   재 이 과목 평균이 A⁻인데 조금만 더 공부하면 A를 받아 성적
   을 확실한 A로 올릴 수 있다. 당신은 어떻게 하겠는가?
   a. 재충전을 위해 잠자리에 들기로 했다면, F에 표시하라.
   b. 시험에서 A를 받기 위해 더 늦게까지 공부하기로 했다면,
      D에 표시하라.

5. 당신은 학교에서 실시하는 대입설명회에 참가하고 있다. 당신
   은 어떻게 해야 할지 마음을 정하지 못했다. 커서 무엇이 될
   것인가에 대한 생각도 없고, 어느 대학을 가야 할지도 모른다.

당신이 참가하고 있는 행사는 어머니가 원하는 대학에 대한
설명회이다. 당신은 자신이 무엇을 하고 싶은지 모르지만,
그냥 결정을 내리고 싶다. 설명이 끝나고 대학 측은 학생들
에게 입학지원서를 나눠준다. 당신은 어떻게 하겠는가?
a. 어떤 선택을 할지 조금 더 숙고한 후에 지원서를 내기로
   결정했다면, F에 표시하라.
b. 즉시 지원서를 내기로 했다면, E에 표시하라.

이제 각 항에 몇 개씩 표시되었는지 세어 여기에 적어라.

A : _____   B : _____   C : _____   D : _____   E : _____   F : _____

■ 평가

F : 3개 이상이면 꽤 건강한 삶의 중심을 가지고 있다.
E : 1개면 《성공하는 10대》 46~47페이지를 읽고 자신의 삶이 너무 부모 중심적인 것은
    아닌지 확인하라.
D : 1개면 《성공하는 10대》 45~46페이지를 읽어라. 학교가 중요하지만 너무 학교에 매달
    리지 말라. 습관 7 자기 쇄신에 대해 이야기할 때 특별히 관심을 갖고 살펴보도록 하라.
C : 1개면 《성공하는 10대》 43~45페이지를 읽고, 자신의 삶이 너무 남자친구/여자친구
    중심적이지는 않은지 확인하라.
B : 1개면 《성공하는 10대》 42~43페이지를 읽어라. 자신의 일을 성취하고 즐기는 것은
    하등 나쁠 것이 없다. 하지만 영원한 가치를 지니지 않은 것에는 삶의 중심을 두지 말
    라. 가족들과 함께 멋진 휴가를 보낸 기억은 영원히 남을 것이다.
A : 1개면 《성공하는 10대》 41~42페이지를 읽고 자신의 삶이 너무 친구 중심적이지는 않
    은지 확인하라.

원칙을 따르면 실패하지 않는다

우리는 중력의 영향을 잘 알고 있다. 공을 위로 던지면 아래로 떨어진
다. 그것은 자연법칙 혹은 원칙이다. 물리적 세계를 지배하는 원칙이 있
듯이, 인간세계를 지배하는 원칙도 있다. 원칙을 지키면 성공하고, 지키

지 않으면 실패할 것이다.

정직, 봉사, 사랑, 노력, 존경, 감사, 겸손, 공정함, 성실성, 신의, 책임 등이 원칙에 속한다. 나침반 바늘이 언제나 북쪽을 가리키고 있듯이, 우리의 마음도 진짜 원칙을 인식할 수 있을 것이다. 원칙 중심의 삶은 가장 안정적이고, 움직이지도 흔들리지도 않는 삶의 기초이다.

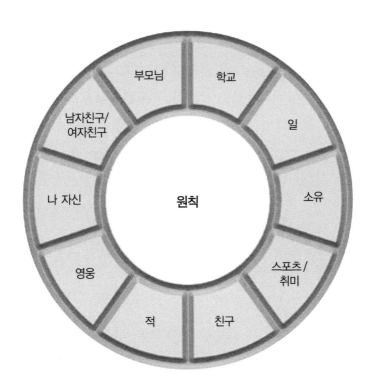

왜 원칙에 기초한 삶을 살아야 하는지는, 그 반대의 삶을 생각하면 쉽게 알 수 있다. 부정직하고, 게으르고, 감사할 줄 모르고, 이기적이고, 증오하는 삶을 살겠는가? 원칙을 우선하면 모든 일을 잘할 수 있다. 봉사 · 존경 · 사랑의 원칙에 따라 삶을 산다면, 든든하고 좋은 친구들과 더욱 안정된 관계를 맺게 될 것이다.

_ 그 외에 어떤 원칙들이 생각나는가?

_ 이 원칙들 가운데 가장 지키기 어려운 원칙은 무엇인가?

원칙을 삶의 중심, 취미, 관심이라고 생각하라. 아래의 바퀴 중앙에 자신이 갖고 있는 원칙이나 다른 사람들의 존경할 만한 원칙을 적어라. 바퀴살 안에는 원칙의 영향을 받는 것들을 적어라(취미, 학교, 일 등).

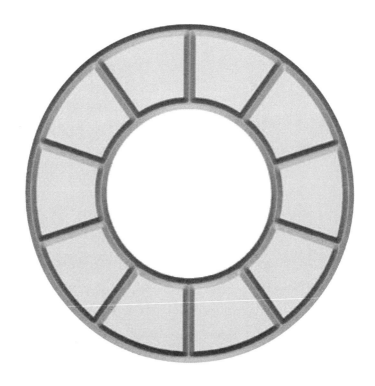

_ 따르고 싶은 원칙이 있으면 적어라.

_ 나는 다음과 같이 그 원칙들을 따르도록 하겠다. (자신의 행동이나 계획을 적어라.)

_ 언제부터 시작하겠는가? 그 날짜를 적어라.

원칙을 자기 삶의 중심이나 패러다임으로 만들어라. 난처한 상황이나 어려움이 닥쳤을 때 자신에게 이렇게 물어보라. "이 상황에는 어떤 원칙이 적용되는가?"

걸음마

걸음마는 원칙이나 습관을 자신의 삶에 적용하는 데 도움이 되는 작고 쉬운 단계이다. 이 작고 쉬운 걸음마가 우리의 크고 장기적인 목표 달성을 도와줄 것이다. 걸음마는 《성공하는 10대》의 각 장 끝부분과 이 책의 각 섹션 끝부분에 있다. 용기를 내어 한두 걸음 걸음마를 해보라.

1. 거울 앞에 서서 자신에게 긍정적인 말을 해보라.

2. 오늘 다른 사람의 견해에 고마움을 표시해 보라. "정말 끝내주는 생각인데" 라고 말해보라.

3. "난 활달하지 못해"와 같이 자기 자신을 제한하는 패러다임을 생각해 보라. 오늘은 그 패러다임과 정반대되는 행동을 해보라.

4. 사랑하는 사람이나 친한 친구들 가운데 최근 그 자신에게 어울리지 않는 행동을 했던 사람을 떠올려보자. 그가 왜 그런 행동을 하게 되었을까 생각해 보라.

5. 할 일이 없을 때는 어떤 생각에 몰두하는가? 자신에게 가장 중요한 것은 패러다임이나 삶의 중심이 된다는 것을 잊지 말라.

나의 시간과 에너지를 어디에 쏟고 있는가? _____

6. 세상은 황금률이 지배한다! 오늘부터 다른사람에게 대접받고자 하는 대로 그들을 대접하라. 같은 대접을 받고 싶지 않으면, 음식을 남긴다고 불평하거나 다른 사람을 욕하지 말고 참아라.

7. 혼자 있을 수 있는 조용한 장소를 찾아보라. 그곳에서 자신에게 가장 중요한 것이 무엇인지 생각해 보라.

8. 요즘 자신이 즐겨 듣는 노래의 가사를 음미해 보라. 그 노랫말이 우리가 믿고 있는 원칙과 조화를 이루는지 확인해 보라.

⑨ 오늘 밤에 집안일을 하거나 아르바이트할 때, 열심히 노력한다는 원칙을 실천해 보라. 목표량을 초과 달성하고, 기준 이상의 성과를 내라.

⑩ 어려운 상황에 처해 어떻게 해야 할지 모를 때 "이 상황에는 어떤 원칙이 적용되는가?"라고 스스로에게 물어보라(정직, 사랑, 신의, 노력, 인내). 이제 그 원칙을 따르고, 뒤돌아보지 말라.

걸음마 - 학습일지

_ 나는 어떤 걸음마를 시도했고, 무엇을 배웠는가?

2부

개인의 승리

개인감정은행계좌
거울 속의 사람과 시작하기

습관 1 자신의 삶을 주도하라
내가 바로 내 인생의 주인이다

습관2 끝을 생각하며 시작하라
자신의 운명을 스스로 컨트롤하지 못하면 다른 사람이 컨트롤할 것이다

습관3 소중한 것을 먼저 하라
할 일과 안 할 일 구별하기

'나'로부터 시작하라

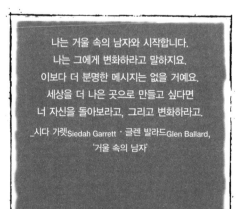

차르륵~

모든 변화는 '거울 속의 사람'에서 시작된다. 인생에서 가장 힘든 싸움은 자신과의 싸움이다. 우리는 이 싸움을 통해 내부의 힘과 성품을 개발하고, 진정으로 성장한다.

만일 세상을 바꾸고 싶다면, 부모님이나 남자친구/여자친구나 선생님이 아닌 자기 자신부터 바꿔라. 모든 변화는 자신에서 시작된다. 안에서 시작되어 밖으로 향하는 것이다. 밖에서 시작되어 안으로 들어오는 변화는 없다.

《성공하는 10대》 61~62페이지 성공회 신부의 글을 읽어라. 그리고 다음 문장을 완성하라.

나는 거울 속의 남자와 시작합니다.
나는 그에게 변화하라고 말하지요.
이보다 더 분명한 메시지는 없을 거예요.
세상을 더 나은 곳으로 만들고 싶다면
너 자신을 돌아보라고, 그리고 변화하라고.

_시다 가렛Siedah Garrett · 글렌 발라드Glen Ballard,
'거울 속의 남자'

일곱 번 넘어져도
여덟 번 일어난다.
_고사성어

_ 만일 내가 세상에서 무언가 변화시킬 수 있다면, 그것은 :

_ 나 자신이 할 수 있는 변화 가운데 세상의 변화를 가져오는 데 도움이 될 수 있는 변화 1가지는 :

_ 내부에서 시작하여 외부로 향하는 변화는 무엇 때문에 주변의 다른 사람들에게 도움을 줄 수 있다고 생각하는가?

개인감정은행계좌(Personal Bank Account : PBA)

자기 자신에 대한 감정과 느낌은 은행계좌와 비슷하다. 은행의 당좌계좌나 저축계좌처럼 개인감정은행계좌에도 생각하고, 말하고, 행동하는 것으로 예입과 인출을 할 수 있다.
자신과의 약속을 성실하게 지킬 때 우리는 안정감을 느끼고, 그로써 예입이 된다.
그러나 자신과의 약속을 지키지 않을 때에는 실망감을 느낌으로써 인출이 일어난다.

계좌에 플러스 잔고를 유지하기 위해 인출보다는 예입을 더 많이 해야 한다. 예입을 많이 할수록 자신에 대한 만족이 커진다. 인출을 너무 많이 하면 자기존중의식과 자신감이 떨어진다.

나의 개인감정은행계좌는 어떤가?

나는 자신을 얼마나 신뢰하는가? 개인감정은행계좌 잔고는 플러스인가 마이너스인가? 잔고가 형편없이 낮다면 아래의 인출, 예입 증상을 살펴보라.

계좌인출

- 자신이 옳다는 것을 알면서도 자신의 주장을 펴지 못한다.
- 자신을 비하하는 말을 한다.
- 항상 다른 사람의 말과 행동을 따라 한다.
- 음식, TV, 인터넷에 빠진다.
- 약물을 복용하거나 술을 마신다.
- 어느 누구에게도, 어떤 것에도 충성스럽지 못하다.
- 다른 사람들에게 이용당한다.

계좌예입

+ 자신이 옳다는 것을 알면 당당하게 이야기한다.
+ 자신을 갖고 자신의 의견과 좋은 생각을 다른 사람들에게 말한다.
+ 다른 사람의 성공을 보면 행복하다.
+ 학교생활, 신체활동, 재능개발, 개인시간을 균형 있게 유지하고 있다.
+ 원칙을 지키며 산다.
+ 누군가 내가 알고 관심을 갖고 있는 사람에 대해 나쁘게 말하면, 용기 있게 그 사람을 변호한다.
+ 자신의 기술과 재능을 향상, 발전시키기 위해 노력한다.
+ 인생의 자연스러운 부침을 인정하고, 과대평가하지 않는다.

자신의 개인감정은행계좌를 분명하게 파악하기 위해 일주일간의 예입과 인출을 조사해 보라. 수첩에 일주일간의 변동 상황을 기록하라. 행동을 기록하고 각각의 예입액과 인출액을 적어라. 예를 들면 예입액은 1~100달러인데, 인출액은 50~200달러가 될 수 있다. 일주일 동안 자신에게 얼마나 많이 예입할 수 있는지 보라. 인출에 대해서는 솔직하게 평가하라.

개인감정은행계좌	+	−
나 자신과 약속한 운동 프로그램을 시작한다	50	
밤 늦게까지 자지 않는다		150
며칠 앞으로 다가온 중요한 화학시험을 준비한다	100	
내가 얼마나 멋있는지 자신에게 말해준다	20	
학교 끝나고 집에 와서 몇 시간 동안 채팅한다		120
아침은 건너뛰고 점심은 초콜릿과 탄산음료로 대신한다		50
잔 액		

일주일 후, 만족스러운 결과를 얻었는가? 아니면 인출이 너무 많은 것에 놀랐는가?

자신과의 약속을 지킨다

주변에 약속을 잘 지키지 않는 친구나 룸메이트가 있을 것이다. 그들은 문자 보내겠다고 말해놓고 안 보내고, 주말에 만나자고 해놓고 잊어먹는다. 그러면 우리는 그들을 믿지 않는다. 그들의 약속은 아무 의미가 없다. 자신과 약속을 하고 어기는 것도 마찬가지이다. "내일 아침 6시에 일어나

야지"라거나 "집에 오면 숙제부터 할 거야"라고 약속하고는 지키지 않는다. 이제 우리는 자신을 믿지 않는다.

자신에게 한 약속은 인생에서 가장 중요한 사람과 한 약속처럼 진지하게 다뤄야 한다. 삶이 마음대로 되지 않는다고 느껴지면 마음대로 할 수 있는 유일한 대상, 자기 자신에게 초점을 맞춰라. 자신과 약속을 하고 그것을 지켜라.

> 긍정주의자들은
> 패배는 일시적인 후퇴라고 믿고,
> 그 사건에만 국한된다고 생각한다.
> 그들은 패배에 당황하지 않고
> 도전할 수 있는 좋은 기회라고 생각하며
> 더 열심히 노력한다.
> _마틴 셀리그만 Martin Seligman

작은 약속에서 시작하라

자신이 지킬 수 있는 작은 약속을 하고 그것을 지켜나가면 큰 약속을 지키기가 쉬워진다. 그렇게 자신과의 약속을 키워가면 어려운 약속도 할 수 있다. 다음 문장을 완성하라.

_ 어떤 것을 하겠다고 자신에게 약속하고 그 약속을 지키지 않을 때 느껴지는 기분은 :

_ 지키고 싶었지만 지키지 못한 나와의 약속은 :

_ 그 약속을 지키지 못한 이유는 :

_ 큰 약속을 지키는 데 도움이 될 자신과의 작은 약속

1. _____

2. _____

3. _____

_ 내가 큰 약속을 지키고 싶은 이유는 :

_ 나의 인생이 더 나아질 이유는 :

_ 큰 약속을 지켰을 때 자신에게 보상해 줄 수 있는 것은 :

작은 친절을 베푼다

작은 친절을 베푸는 것은 자신에 대한 만족감을 높여줄 수 있는 좋은 방법이다. 친절한 행동은 다른 사람을 위한 것이지만 그것은 개인감정은행계좌의 예입을 크게 증가시킨다.

작은 친절의 실천은 관심을 내부가 아닌 외부로 돌리게 한다. 우울한 기분으로 다른 사람을 위한 일을 하기는 어렵다. 다른 사람을 도와주면 결국 나도 기분이 좋아진다.

《성공하는 10대》 65~68페이지 "작은 친절을 베푼다"를 읽어라. 다음 문장을 완성하고 아래의 이야기를 읽어보자.

_ 나의 작은 친절행위가 도움이 될 수 있는 세 사람

1. _____

2. _____

3. _____

다음 이야기를 읽어라.

'왜 항상 이 톨게이트를 빠져나가는 데 시간이 이렇게 많이 걸리는 거야?' 제이든은 긴 차량행렬 뒤에서 자기 차례가 되기를 기다리면서 생각했다. 차들은 아주 조금씩 움직였다. 제이든은 손가락으로 운전대를 신경질적으로 두드리고 손으로 머리를 쓸어올렸다. "그거 참." 그는 생각했다. '친구들 경기를 봐야 하는데 정말 늦겠군. 농구경기가 시작되기 전에 도착하기는 어렵겠는걸.'

5분이 더 지났고 제이든의 인내심이 거의 한계에 이르렀을 무렵, 갑자기 앞에 있던 차량행렬이 사라졌다. 아주 짧은 시간에 5대가 톨게이트를 빠져나갔다. 제이든은 믿을 수가 없었다. 그는 어느새 톨게이트 앞에 와 있었다. 차를 세우자 요금징수원이 말했다. "돈을 안 내도 됩니다. 앞차에서 뒤에 오는 차 10대 정도의 통행료를 모두 지불했습니다." 제이든은 미소를 짓고 톨게이트를 빠져나왔다.

_ 제이든은 이후 농구장으로 차를 몰고 가면서 어떤 기분이었을까?

_ 통행료를 낸 그 운전자는 어떤 기분이었을까?

_ 내게 이름을 밝히지 않고 친절을 베풀었던 사람은 :

_ 그가 베풀었던 친절행위는 :

_ 그 친절행위에 대해 내가 느낀 기분은?

_ 앞 페이지에 적은 세 사람에 대해 내가 익명으로 할 수 있는 친절행위는 :

1. _____
2. _____
3. _____

자기 자신을 부드럽게 대한다

세상에 완전한 사람은 없으므로 실수를 했다고 자신을 너무 심하게 대하는 것은 좋지 않다. 우리는 항상 잘 못할 수 있다는 사실을 인정하고 잘 못했을 때 자신을 용서해야 한다. 그것은 내일 아침에 완벽해질 것으로 기대한다는 의미가 아니다. 자신이 한 멍청한 짓을 웃어넘길 줄 알아야 한다는 의미이다. 실수에서 배우고 자책하지 말라. 지난 일은 지난 일이다. 무엇이 왜 잘못되었는지 파악하라. 필요하면 고쳐라. 실수한 것은 잊고 앞으로 나아가라.

> 자연은, 완벽한 것은 없어도
> 모든 것이 완벽하다.
> 나무는 아무리 기묘하게 뒤틀리고
> 휘어져도 여전히 아름답다.
> _앨리스 워커Alice Walker

자신의 실수를 웃어넘긴다

자신에게 부드럽게 대한다는 것은 자신이 한 실수를 웃어넘길 줄 알아야 한다는 의미이다. 실수를 웃어넘기고 삶을 너무 심각하게 받아들이지 않을 때 낙관적인 태도가 드러나고, 친구들이 많이 생길 것이다.

_ 가장 난처했던 순간을 생각해 보라. 극적인 소설의 한 장면을 쓰듯이 그 순간을 묘사하라. 자신을 주인공으로 하여 그 장면과 함께 있었던 다른 인물들을 묘사하라. 자신이 무엇을 말했고, 무엇을 행했는지 적어라.

_ 같은 상황을 혼자 연기하는 희극배우가 설명하는 식으로 다시 적어보라.

_ 둘 사이에는 어떤 차이점이 있는가? 각 글을 읽어본 후, 자신에 대해 혹은 난처했던 상황에 대해 다른 점이 느껴지는가? 어떻게 느껴지는지 적어라.

_ 자신과 자신의 실수에 대해 웃는 법을 배우면 더 큰 자신감을 갖게 될 것이다. 그 이유는 무엇이라고 생각하는가?

정직하게 행동한다

개인감정은행계좌에서 정직하다는 것은 자신에 대해 정직하고, 행동이 정직한 것을 의미한다. 정직이란 말은 똑바른, 청렴한, 도덕적인, 원칙적인, 진리를 사랑하는, 확고한, 진정한, 진실한, 옳은, 좋은, 솔직한, 진심의 등의 뜻을 가지고 있다. 이 단어들을 자신의 삶에 적용할 수 있다면 당신은 아마 정직한 사람일 것이다.

정직은 사람들에게 있는 그대로 보여주는 것을 의미한다. 자신을 속이

거나 자신이 아닌 다른 사람인 체하지 않는
것을 의미한다. 자신에 대해 정직하지 못할
때 우리는 확신을 갖지 못하고 불안해한다.
결국 감정은행계좌에서 인출이 일어나게
된다.

우리는 매일 정직한 활동을 할 수 있다.
부모님, 친구들과의 대화에서 학교생활에
이르기까지 우리가 정직하거나 부정직하게 행동할 기회는 항상
열려 있다. 정직한 행동은 모두 감정은행계좌에 예입된다.

정직한 사람은 어떤 사람인가

《성공하는 10대》 69~71페이지 "정직하다"를 읽어라.

_ 내가 알고 있는 가장 정직한 사람은 : (주변 사람일 수도 있고, 존경하는 유명인
일 수도 있다.)

_ 그는 어떤 행동을 통해 정직한 모습을 보여주는가? (구체적인 사건을 적어라.)

_ 내가 더 정직해질 수 있는 행동 : (자신이 할 수 있는 것을 적어라.)

자기 자신을 쇄신한다

우리는 때때로 자신을 쇄신하고 쉬는 시간을 가져야 한다. 그러지 않으
면, 삶에 대한 열정을 잃어버릴 것이다. 조앤 롤링J. K. Rowling이 쓴 〈해리포

터〉시리즈를 읽어보았는가? 그랬다면 그리몰드가 어떻게 해리와 그 친구들의 안전한 휴식처가 되었는지 잘 알 것이다. 우리 모두에게는 정신의 재충전을 위해 탈출할 수 있는 공간, 일종의 피난처 같은 곳이 필요하다. 그곳이 반드시 장미정원이거나, 산 정상이거나, 외딴 해변일 필요는 없다. 침실이나 목욕탕이라도 상관없다. 그저 혼자 있을 수 있는 공간이면 된다.

탈출하라
《성공하는 10대》71~73페이지에 나오는 다른 10대들의 예를 읽어라.

_ 내가 탈출할 곳은 :

_ 그 장소에 대해 기억하고 싶은 것은 : (피난처를 설명하라.)

_ 나의 피난처였으면 하는 곳은 :

_ 그곳을 피난처로 원하는 이유는 :

_ 내가 스트레스를 받거나 외롭거나 슬플 때 나를 끌어당기는 내 피난처의 특징은 :

_ 나는 피난처에 있으면 기분이 좋아진다. 그런가, 아닌가? (왜?)

_ 내가 피난처에 가지 못할 때 대신하는 것은 :

자신의 재능을 개발한다

우리가 깨닫든 깨닫지 못하든, 우리는
누구나 재능을 가지고 있다. 스포츠,
음악, 무용, 혹은 다른 대중적 분
야에만 재능이 있는 것은 아니다.
정말로 중요한 재능은 우리 자신에
게 있다. 읽고, 듣고, 두 나라의 언어
를 할 줄 알고, 사람들 앞에서 말을 잘
하고, 다른 사람을 사랑하고, 좋은 조
직기술을 갖고 있고, 요리하고, 아이들
을 돌보고, 차를 수리하고, 행복한 것. 이 모
든 것이 다 재능이 될 수 있다. 어느 분야에
재능이 있느냐 하는 것은 중요하지 않다. 자
신이 좋아하는 것을 하고 기분이 좋아질 때, 개인감
정은행계좌에 큰 예입이 이루어질 수 있다.

자신이 잘하는 것 찾기

별난 재능을 갖고 있는 사람들을 찾아다니는 TV 프로그램을 본 적이
있는가? 무언가 정말로 우스꽝스러운 행동을 하게 만드는 TV 프로그램
을 본 적이 있는가? 만일 자신이 그런 비디오를 만들어서 방송국에 보낸
다면 무엇을 보여줄 수 있겠는가?

_ 한 TV 카메라맨이 내가 특이한 재능을 발휘하는 모습을 찍기 위해 집으로

찾아온다면, 내가 보여줄 수 있는 것은 :

_ 나를 가장 잘 아는 친구가 말하는 나의 가장 특이한 재능은 :

_ 그 친구의 가장 특이한 재능은 :

_ 내가 잘하는 것은 : (사람들 앞에서 말을 잘하거나, 다른 사람의 말을 잘 듣거나, 좋은 친구가 되는 것 등도 재능이 될 수 있다.)

_ 자신의 독특한 특징을 찾아라. 자신이 신뢰하는 사람에게, 나에게 어떤 특별한 점이 있는지 이야기해 달라고 하라. 그는 뭐라고 말하는가?

_ 시간, 돈, 신체적 능력이 뒷받침된다면 개발하고 싶은 재능이나 특징은 : (어떤 제약도 없다고 생각하고 계획을 세워보라.)

_ 실제 계획을 세울 때 이 '꿈의 계획'에서 이용할 수 있는 것은 :

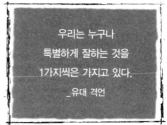

우리는 누구나
특별하게 잘하는 것을
1가지씩은 가지고 있다.
_유대 격언

_ 이 가운데 지금 시작할 수 있는 것은 :

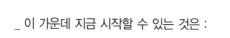

걸음마

자신이 할 수 있는 걸음마 행동 1, 2가지를 선택하라. 다른 사람에게 그 경험을 이야기하든지 그 경험과 배운 점을 여기에 적어라.

자신과의 약속 지키기

① 아침 알람이 울리면 일어나라. '다시 알림' 버튼을 누르거나 알람을 끈 다음 다시 자지 마라.

② 피아노 연습, 빨래거리 세탁기에 넣기, 영어 숙제로 받은 과제물 끝내기 등 오늘 해야 할 쉬운 일을 정하라. 언제 할 것인지 결정하라. 이제 약속한 대로 그 일을 마쳐라.

작은 친절 베풀기

③ 오늘 중에 아무도 모르게 작은 선행을 하나 해보라. 감사의 편지를 써 보내거나, 쓰레기통을 비우거나, 엄마의 노트북 컴퓨터를 고치거나 다른 사람을 위해 이불을 깔아(개)보라.

④ 긍정적인 소셜 미디어를 조직하라. 친구들이 사람들의 SNS에 친절한 말과 칭찬을 하게 하라.

자신의 재능 개발하기

⑤ 올해 개발하고 싶은 재능을 적어보라. 재능을 개발하는 단계도 구체적으로 적어라.

올해 개발하고 싶은 재능 : _____

_____

개발하는 방법 : _____

_____

_____

걸 음 마

⑥ 다른 사람의 재능 가운데 치하할 만한 것들을 적어라.

사람 :   치하할 만한 재능 :

_____   _____
_____   _____
_____   _____
_____   _____

자기 자신에게 부드럽게 대하기

⑦ 자신이 잘 못한다고 느끼고 있는 부분을 생각해 보라. 이제 깊은 숨을 쉬고, 자신에게 이렇게 말하라. "그렇다고 절망할 일은 아니지."

⑧ 온종일 자신에게 부정적인 말은 한마디도 하지 말라. 자신을 깎아내리고 싶은 생각이 들 때마다 자신에 대해 긍정적인 것 3가지를 생각하라.

자기 자신을 쇄신하기

⑨ 오늘 기분전환을 위해 재미있는 일을 하나 생각해 보라. 음악을 크게 틀어놓고 춤을 출 수도 있을 것이다.

⑩ 무기력한 느낌이 드는가? 당장 일어나서 빠른 걸음으로 동네를 한 바퀴 돌아보라.

정직하게 행동하기

⑪ 부모님이 지금 뭘 하고 있는지 물으면 모든 것을 털어놔라. 속이기 위해 혹은 전체 사실을 모르게 하기 위해 숨기는 것이 없도록 하라.

⑫ 하루 동안 과장하거나 꾸며서 말하지 않으려고 노력하라. 행운이 있기를!

걸음마 - 학습일지

_ 나는 어떤 걸음마를 시도했고, 무엇을 배웠는가?

습관 **1**

자신의 삶을 주도하라

내가 바로 내 인생의 주인이다

홈런은 우연히 치는 것이 아니라 준비에 의해 얻어지는 것이다.

_로저 매리스 **Roger Maris**

주도적일 것이냐, 반사적일 것이냐
선택은 우리의 몫이다

당신은 탄산음료 캔처럼 행동하는가, 생수병처럼 행동하는가? 반사적인 사람들은 행동을 충동적으로 선택한다. 그들은 탄산음료캔과 같다. 삶이 그들을 흔들어대면, 내부압력이 증가하여 폭발한다.

주도적인 사람들은 가치관에 따라 행동을 선택한다. 그들은 생각한 후에 행동한다. 그들은 자신에게 일어나는 일은 컨트롤할 수 없어도 거기에 대한 반응은 컨트롤할 수 있다는 것을 알고 있다. 주도적인 사람들은 물과 같다. 아무리 흔들고 뚜껑을 열어도 폭발하지 않는다. 그들은 차분하며 침착하다.

◀반사적

▲주도적

우리는 탄산음료의 요소와 물의 요소를 모두 가질 수 있다. 어떤 때는 반사적으로 반응하지만 또 어떤 때는 자신을 잘 컨트롤한다. 반사적인 사람과 주도적인 사람은 대개 말하는 것을 보면 그 차이를 알 수 있다. 우리는 반사적인 언어를 사용할 때, 자진해서 주도권을 다른 사람에게 넘겨준다. 자신의 감정이나 행동에 대한 지배력을 상실한다. 그러나 주도적인 언어는 통제력을 되돌려받는다. 자신의 말과 행동을 자유롭게 선택하고 통제한다(바로 네가 한 거야!). 행동을 할지 안 할지는 나의 자유다.

그러면 어떤 행동이 주도적인 행동인가? 주도적인 행동에는 다음과 같은 말들이 포함된다.

- 미안해. 그런 뜻이 아니었어.
- 그 점은 시정하겠어.
- 난 사실 관심이 없어. 하지만 고마워.
- 틀림없이 더 나은 대안을 찾을 수 있을 거야.
- 난 할 수 있어.

반사적인 행동에는 다음과 같은 말들이 포함된다.

- 그건 네 잘못이야.
- ~면 좋을 텐데.
- 나는 결정할 수 없어.
- 그것은 공정하지 않아.
- 난 원래 그래.

_ 나는 반사적인 경향이 있다. (언제, 어디서, 누구와?)

_ 나는 주도적인 경향이 있다. (언제, 어디서, 누구와?)

_ 지금 내가 직면한 가장 어려운 문제는 :

_ 내가 오늘 어떤 문제에 맞서 변화의 주체change agent가 될 수 있는 것은 : (자신의 행동을 설명하라.)

자신이 쓰는 말을 들어보라

반사적인 사람과 주도적인 사람은 대개 말하는 것을 보면 그 차이를 알 수 있다.

반사적인 언어	주도적인 언어
한번 해볼게.	꼭 할게.
난 원래 그래.	난 더 잘할 수 있어.
내가 할 수 있는 것은 없어.	가능한 방법들을 모두 살펴보자.
난 해야 돼.	내가 선택한 거야.
난 못 해.	무슨 방법이 있을 거야.
너 때문에 오늘 하루 망쳤어.	네가 기분 나쁘다고 나까지 나빠지진 않을 거야.

반사적인 말을 사용하는 것은 자기 삶의 리모컨을 다른 사람에게 줘버리고 "자, 아무 때나 내 기분을 바꿔줘"라고 말하는 것과 같다. 반대로 주도적인 말은 리모컨을 자기 손에 돌려받게 한다. 그러면 우리는 마음대로 원하는 '채널'을 선택할 수 있다.

내가 쓰는 언어 평가하기

《성공하는 10대》 86~87페이지 "우리가 쓰는 말을 들어보자"를 읽고
다음 문장을 완성하라.

_ 내가 말하는 방식은 대체적으로 ~하다고 생각한다. (주도적인가, 반사적인가?)

_ 즐겨 사용하는 주도적인 표현은 :

_ 즐겨 사용하는 반사적인 표현은 :

_ 나는 반사적인 표현을 다음과 같은 주도적인 표현으로 바꿀 수 있다.

_ 주변에서 주도적인 언어를 모범적으로 사용하는 사람은 :

_ 내가 주도적인 언어를 자주 사용하는 장소나 환경은 :

_ 내가 반사적인 언어를 자주 사용하는 장소나 환경은 :

피해의식증 바이러스를 조심하라

반사적인 사람들은 '피해의식증victimitis'에 걸릴 수 있다. 이 질환에 걸린 사람들은 모든 사람이 자기를 싫어하고, 세상은 자기에게 빚을 지고 있다고 생각한다. 자기들의 태도가 문제라는 것을 인정하지 않고, 쉽게 상처받고, 다른 사람들을 욕하고, 화를 내며 나중에 후회할 말을 하고, 투덜거리고 불평하고… 하지만 이 질환은 증오 범죄, 폭행, 왕따 시키기와 같은 주요 범죄 행위에는 해당되지 않는다. 피해의식증의 좋은 예는 사교 현장에서 자기는 적극적으로 참여하지 않으면서 외면당하고 배제된다고 느끼는 것이다. 가만히 앉아서 자신에게 좋은 일이 일어나기를 기다리지 말고 소망하는 변화를 행동으로 옮겨라.

_ 나만 피해를 보고 있다는 느낌이 들 때 :

_ 그런 느낌을 갖게 된 이유는 :

_ 나는 이제 피해의식증 바이러스를 알고 있으므로, 다시 그 상황을 맞는다면 다르게 행동할 것이다. 어떻게 하겠는가?

주도적인 사람에게 광명이

주도적인 사람들은 완전히 다른 종족이다. 그들은,

• 쉽게 상처받지 않는다.
• 자신의 선택과 행동에 책임을 진다.
• 생각한 다음에 말한다.

- 나쁜 일이 생겨도 곧 회복한다.
- 항상 일을 해낼 수 있는 방법을 찾는다.
- 자신이 할 수 있는 일에만 집중하고, 할 수 없는 일은 신경 쓰지 않는다.

결국 주도적인 사람들은 그 노력에 대해 보상을 받는다. 그들은 자신의 삶을 컨트롤하고 보다 자유롭게 원하는 일을 한다. 주도적인 사람들은 다른 사람이 긍정적이고 할 수 있다는 태도로 그들에게 접근하게 만든다.

《성공하는 10대》 88~90페이지 "주도적인 사람에게 광명이"를 읽어라. 앞으로 10년 후 주도적인 삶을 살고 있을 자신의 모습을 그려라.

- 10년 후 되고 싶은 자신의 모습을 그려라.
- 그 배경도 그려라. 나는 어떤 상태에 있는가? 주변에는 누가 있는가? 나는 무엇을 하고 있는가?
- 그 그림 밑에 주도적인 사람으로서 자신이 갖고 있는 긍정적인 특징들을 모두 적어라.

우리는 오직 한 가지만 마음대로 할 수 있다

사실 우리는 자신에게 일어나는 모든 일을 컨트롤할 수는 없다. 특히 우리는 아직 10대이기 때문에 부모님, 선생님, 코치들이 우리의 삶을 어느정도 지배하려고 한다. 그러나 확실하게 컨트롤할 수 있는 것이 하나 있다. 바로 우리에게 일어나는 사건에 대해 어떻게 반응하느냐 하는 점이다.

두 개의 원을 그려보자. 안쪽 원은 우리가 마음대로 할 수 있는 것들의 원이다. 그 안에는 우리가 마음대로 할 수 있는 것들이 포함된다. 바깥쪽 원은 우리가 마음대로 할 수 없는 것들의 원이다. 그 안에는 우리가 마음대로 할 수 없는 것들이 포함된다.

자신이 마음대로 할 수 없는 것을 걱정하면서 시간을 보내는 것은 전혀 도움이 안 된다. 더욱 더 마음대로 할 수 없다고 느끼게 되기 때문이다. 그러나 마음대로 할 수 있는 것에 집중하면 진정한 통제력을 경험하고 마음이 안정된다.

1. 《성공하는 10대》 90~92페이지 "우리 마음대로 할 수 있는 건 한 가지뿐"을 읽어라.
2. 안쪽 원에 자신이 마음대로 할 수 있는 것들을 적어라.
3. 바깥쪽 원에 자신이 마음대로 할 수 없는 것들을 적어라.

_ 내가 항상 걱정하는 것으로서 마음대로 할 수 없는 원 안에 있는 것 1가지를 적어라.

_ 내가 어떻게 하면 그것을 걱정하지 않을 수 있을까? (자신의 행동을 적어라.)

좌절을 승리로 전화위복시키기

삶의 여정에서 장애에 부딪혔을 때 해결방안을 잘 찾아내는가? 아니면 멈추거나 포기해 버리겠는가? 장애는 극복해서 결국 승리하는 좋은 기회가 된다.

미첼은 두 번의 끔찍한 교통사고를 딛고 일어섰다. 그는 두 번의 사고로 몸이 마비되고 피부이식을 받아야 했지만, 자신이 할 수 없는 일은 걱정하지 않았다. 그는 백만장자가 되었고, 강사로서 인기를 누렸고, 시장이 되었고, 강에서는 래프팅을, 하늘에서는 스카이다이빙을 즐겼다. 대단하지 않은가? 미첼은 좌절을 딛고 일어선 좋은 예이다. 그는 주도적인 삶을 선택

성장의
기회로
생각하라고.

하고 자신이 할 수 있는 것, 즉 자신의 태도에만 초점을 맞췄다.

자신의 반응을 선택하라

다음 상황에서 어떻게 좌절을 딛고 일어설 수 있는지 설명하라.

_ 나는 절친한 친구와 함께 친구들의 페이스북 프로필을 보았다. 나는 그중에서 매력적이고 사귀고 싶은 한 사람을 알려주었다. 다음날 친구는 나에게 어젯밤 그녀에게 전화를 걸어 함께 외식하자고 제안했다고 말한다.

_ 다음 주에 동창회가 있다. 나와 데이트 파트너는 친구들과 어울려 밤새 춤을 출 계획이다. 나는 그날을 한 달 전부터 기다려왔다. 파티가 있기 전날 나는 떨어져서 다리를 다쳤고 한쪽 다리 전체에 깁스를 해야 했다. 깁스 때문에 입으려고 준비해둔 옷이 맞지 않았다.

_ 차를 갖는 것이 내게는 중요하다. 나는 매달 차 할부금과 보험료를 내기 위해 방과 후에 아르바이트를 한다. 돈이 부족해서 매달 간신히 맞춰가고 있지만, 이번에는 카스테레오를 설치하기로 했다. 스테레오를 사기 위해 여섯 달 동안 매달 15달러를 저축해 왔다. 그런데 어느 날 밤 집에 오는 길에 즐거운 상상에 사로잡혀 있다가 깜박 제한속도를 넘고 말았다. 백미러로 경찰차가 쫓아오는 것이 보인다. 딱지를 떼서 그동안 저축한 돈을 몽땅 날리게 생겼다.

_ 내가 과거에 경험했거나 현재 경험하고 있는 좌절감을 주는 상황은 :

_ 나는 그 상황을 승리로 반전시키기 위해 다음과 같이 하겠다.

학대에서 벗어나기

가장 극복하기 힘든 장애물 가운데 하나가 학대이다. 만일 학대를 받았다면 그것이 자신의 잘못이 아니라는 점을 알아야 한다. 우리는 더 주도적이 됨으로써 좀 더 쉽게 회복하고 삶을 지속할 수 있다.

자기 자신에게 이렇게 물을 수 있을 것이다. "이 상황을 겪고 어떻게 주도적인 삶을 살 수 있는가?" 학대에서 벗어나는 가장 좋은 방법은 도움을 요청하는 것이다. 학대는 드러나지 않았을 때 심해진다. 다른 사람에게 말하고 문제를 나눔으로써 무거운 짐이 가벼워지고 치유와 회복에 이르게 된다. 학대를 받았다면 당장 누군가와 상담하라. 사랑하는 사람이나 믿을 만한 친구에게 손을 내밀어 도움을 받거나, 예방교육에 참가하거나, 치유상담 전문가, 학대 신고 웹사이트나 전화상담 핫라인을 이용하라.

학대를 받은 친구가 도움을 요청하면 그의 이야기를 듣고 도움을 줘라. 그리고 들은 이야기는 반드시 비밀로 하라.

학대를 분석하라

《성공하는 10대》 96~97페이지 "학대의 고통 극복하기"를 읽어라. 학대를 받았다면 다음 문장을 완성하라.

_ 나는 주도적인 삶을 선택하여, 도움을 요청하고 다른 사람에게 나의 비밀을 이야기하겠다. 나는 학대를 극복하기 위해 다음과 같이 하겠다. (자신의 계획을 설명하라.)

학대를 받았거나 받고 있는 친구가 그 사실을 이야기한다면 다음 문장을 완성하라.

_ 나는 그의 말을 잘 듣고 다음과 같은 도움을 주겠다. (자신의 행동을 설명하라.)

학대를 받았거나 받고 있는 친구가 그 사실을 말하지 않는다면 다음 문장을 완성하라.

_ 나는 친구로서 그를 도와주겠다. 내가 그에게 관심이 많고, 신뢰할 수 있는 사람이라는 것을 보여주면서 다음과 같이 하겠다. (자신의 행동을 설명하라.)

변화의 주체가 되라

자녀학대, 음주, 무능력한 태도와 같은 나쁜 습관은 부모에서 자식으로 대물림되는 경우가 많다. 결과적으로 결손가정은 다시 결손가정을 낳는다. 우리를 제한하는 습관들은 그렇게 나쁘지 않더라도 물려져서, 우리의 가능성 실현을 제약한다.

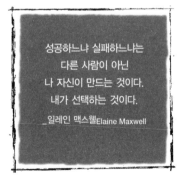

성공하느냐 실패하느냐는
다른 사람이 아닌
나 자신이 만드는 것이다.
내가 선택하는 것이다.
_일레인 맥스웰Elaine Maxwell

우리는 그 악순환의 고리를 끊고 자신의 가능성을 실현할 수 있다. 우리는 주도적인 삶을 선택함으로써, 나쁜 습관이나 자신을 제한하는 습관의 대물림을 막을 수 있고, '변화의 주체change agent'가 되어 미래의 세대에 좋은 습관을 물려줄 수 있다. 우리에게는 물려받은 나쁜 유산을 극복할 수 있는 힘이 있다.

악순환의 고리 끊기

《성공하는 10대》 98~101페이지 "변환자 되기"를 읽고 다음 문장을 완성하라.

_ 가족이나 친구들에게 물려받은 습관으로서 고치거나 개선하고 싶은 것은 :

_ 그 나쁜 습관의 역사는 : (그것이 어디서 왔고 가족들의 삶에 어떠한 영향을 미쳤는지 설명하라.)

_ 그 습관이 나의 삶에 미친 영향은 :

_ 그 습관을 고치면 나의 삶은 이렇게 개선될 수 있을 것이다.

_ 그 습관을 고치기 위해 나는 매일 다음과 같이 할 수 있다. (자신의 행동을 적어라.)

주도성의 힘줄을 단련하라

주도적인 삶은 마음자세를 반사적 태도(충동에 따라 선택한다)에서 주도적 태도(가치관에 따라 선택한다)로 바꿔준다. 주도성의 힘줄을 단련할 때, 자신의 삶을 책임질 수 있고, 다른 사람을 도와줄 수 있다.

누구도 '주도적인 사람'은 이길 수 없어!

자신의 삶에 책임지기

《성공하는 10대》102페이지 "5개의 짧은 단락"을 읽고 다음 활동을 실시하라.

1. 이 활동을 하는 데 도움을 줄 친구를 찾아라. 그 친구가 당신에게 눈가리개를 씌우게 하라.
2. 친구가 가구가 많은 방이나 장애물이 많은 마당 끝에 서 있게 하라.
3. 친구를 향해 걸어갈 때 그가 당신에게 장애물을 피해 갈 수 있도록 조언을 하게 하라(다치거나 피해를 줄 수 있는 안내는 하지 않도록 주의하라).
4. 친구에게 도달했을 때 그가 다시 당신을 출발한 지점으로 데려다 주게 하라.
5. 이 활동을 반복하라.

_ 친구를 향해 두 번째로 걸어갈 때, 장애물을 피하기가 더 쉬웠는가?

_ 두 번째는 어떻게 했는가?

습관1

> 영웅이 되기 위해서는
> 자신에게 영웅이 되라고
> 명령해야 한다.
> _시몬 베유Simone Weil

_ 두 번째로 시도할 때는 처음에 알지 못했던 무엇을 알았는가? 그것이 장애물을 주도적으로 피해 가는 데 도움이 되었는가? 어떻게 도움이 되었는가?

_ 친구가 당신이 장애물을 피할 수 있도록 하려고 노력했는데도 장애물에 부딪혔는가? 그때 어떤 반사적인 행동을 취했는가?

_ 친구를 향해 걸어가는 과정에서 장애물을 주도적으로 피하기 위해 무엇을 할 수 있겠는가?

도전정신

미국인 비행사 엘리너 스미스Elinor Smith는 이런 말을 한 적이 있다. "나는 오래전부터 성취욕이 강한 사람들은 가만히 앉아서 기다리지 않는다는 사실에 주목하였다. 그들은 적극적으로 나서서 일을 만들어냈다."

도전적인 사람들은 동기부여, 창의력, 용기를 발휘하여 상황을 만들어낸다. 그들은 인생을 기다리지 않는다. 적극적으로 나서서 원하는 인생을 만들기 위해 노력한다.

도전적인 사람Can-Do Person은 어떤 사람인가

《성공하는 10대》"'할 수 있다'는 정신"을 읽고 다음 문장을 완성하라.

_ 내가 존경하는 도전적인 사람은 : (자신이 알고 있는 사람이나 유명인이 될 수 있을 것이다.)

_ 이 사람이 도전적인 이유는 : (이러한 태도를 갖고 있다는 것이 무엇을 말하는지 설명하라.)

_ 그 사람의 도전적 태도는 다음과 같은 장애를 이겨내거나 극복하는 데 도움이 되었다.

_ 이 사람은 도전적 태도를 가짐으로써 이렇게 성공을 거두었다.

_ 이 사람이 도전적 태도를 갖지 않았다면, 그의 삶은 이렇게 달라졌을 것이다.

_ 나의 목표 달성을 가로막는 내 인생의 장애물은 :

_ 내가 이 장애물을 극복하기 위해 사용할 수 있는 도전적인 접근방법은 : (자신의 행동을 설명하라.)

일시정지버튼

우리는 어떤 때는 삶이 너무 빨리 돌아가 거의 모든 것에 대해 습관적으로 즉시 반응한다. 만일 우리가 '일시정지버튼'을 누르고, 통제력을 회복하고, 어떻게 반응할 것인지 생각할 수 있다면, 보다 현명한 결정을 내릴 수 있을 것이다.

우리는 일시정지버튼을 누르고 있을 때 인간에게 부여된 4가지 도구를 사용하여 올바른 결정을 내릴 수 있다.

자아의식 나 자신을 떠나서 나의 생각과 행동을 객관적으로 관찰할 수 있다.

양심 나는 내면의 소리를 듣고 옳고 그른 것을 구분할 수 있다.

상상력 나는 새로운 가능성과 창의적인 면을 그려볼 수 있다.

독립의지 나는 스스로 선택하고 결정할 의지를 갖고 있다.

우리는 이 4가지 도구를 매일 사용하기도 하고 사용하지 않기도 한다. 이 도구를 사용하면 할수록 자기관리 능력은 더 커지고 주도적인 삶의 힘도 함께 커진다.

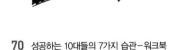

자신이 일시정지버튼을 얼마나 잘 사용하고 있는지 확인하라

《성공하는 10대》105~109페이지 "정지버튼"을 읽어라. 자신이 일시정지버튼과 4가지 도구를 얼마나 잘 사용하고 있는지 다음 설문을 통해 확인하라.

자아의식	N	S	A
나는 나의 생각과 감정을 점검하고 필요하면 바꾼다.	☐	☐	☐
나는 나의 생각이 태도와 행동에 어떻게 영향을 미치는지 알고 있다.	☐	☐	☐
나는 방해받지 않고 조용히 생각하고 머리를 비우는 시간을 갖는다.	☐	☐	☐

양심			
나는 가슴 내면에 해야 할 일과 하지 말아야 할 일을 알려주는 감각을 갖고 있다.	☐	☐	☐
나는 선악을 알려주는 감각에 귀를 기울이고 그것에 따라 행동한다.	☐	☐	☐
나는 내가 소중하게 여기는 것에 대해 생각할 시간을 가져왔다.	☐	☐	☐
나는 사회와 언론이 내게 원하는 가치와 내가 갖고 있는 가치의 차이를 알 수 있다.	☐	☐	☐

상상력			
나는 나의 앞일을 생각한다.	☐	☐	☐
나는 목표를 달성했을 때의 나의 모습을 그려보곤 한다.	☐	☐	☐
나는 문제나 장애물에 대한 창의적인 해결방안들을 쉽게 생각할 수 있다.	☐	☐	☐

독립의지			
나는 나 자신과 또는 다른 사람과 약속을 하고, 그 약속을 지킨다.	☐	☐	☐
나는 내 인생에서 의미 있는 목표를 정하고 달성한다.	☐	☐	☐
나는 선택의 순간에 나의 가치를 잊지 않고 존중한다.	☐	☐	☐

습관1

답을 모두 적었으면 어떤 답을 했는지 살펴보라. 그리고 자신에게 질문하라. "나는 일시정지버튼을 충분하게 사용하고 있는가? 만일 사용하고 있지 않다면, 어떻게 개선할 수 있는가?"

다음 상황을 읽고 질문에 답하라.

> 나는 부편집인으로서 학교연감을 만드는 작업에 참여하고 있다. 나는 이 일에 매달려 있고, 사람들에게 믿을 만한 사람으로 인정받았다. 세 달 전에 한 학생이 팀에 합류했다. 그는 최근 내가 그렇게 원하던 연감편집인을 맡았다.

당신은 이 상황에서 습관이나 감정에 따라 반응하는 대신 일시정지버튼을 누르고, 4가지 도구를 사용하여 어떤 주도적인 선택을 하겠는가?

 자아의식 :

 양심 :

 상상력 :

 독립의지 :

4가지 도구의 활성화

우리는 때때로 자신이 무엇을 하고 있는지 생각하지 않고 행동한다. 다른 사람이 밀치면 우리도 밀친다. 우리는 결과는 생각하지 않고 충동적으로 반응한다. 만일 우리가 '일시정지버튼'을 누르고, 통제력을 회복하고,

어떻게 반응할 것인지 생각할 수 있다면,
보다 현명한 결정을 내릴 수 있을 것이란
점을 잊지 말라.

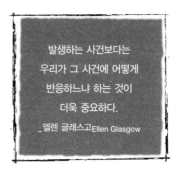

발생하는 사건보다는
우리가 그 사건에 어떻게
반응하느냐 하는 것이
더욱 중요하다.
_엘렌 글래스고Ellen Glasgow

　보다 현명한 결정을 내리기 위해 4가
지 도구를 다음과 같이 사용하라.

1. 《성공하는 10대》109~112페이지
　 "인간도구의 활성화"를 읽어라.

2. 4가지 도구 가운데 한 가지를 선택하라.

3. 자신이 이 도구의 개인 트레이너라고 상상하라.

4. 예로 든 플래너 내용을 보라.

5. 그 도구를 강화하기 위해 이 플래너 내용을 토대로 빈 페이지에 훈련
　 계획을 적어라.

1 누군가 기분을 상하게 할 때, V사인으로 답하라.

2 오늘 하루 자신이 하는 말을 관찰해 보라. "너 때문에…" "난 …해야 돼" "걔들은 왜 …하지 않지?" "난 …할 수 없어" 등과 같은 반사적인 말을 얼마나 자주 사용하는지 헤아려보라.

가장 많이 쓰는 반사적인 표현 : _____

_____

_____

_____

3 하고 싶었는데 용기가 없어서 하지 못한 일을 오늘 해보라. 안전지대를 나와서 과감하게 시도해 보라. 데이트 신청도 해보고, 수업 중에 손도 들어보고, 팀활동에도 참가하라. 어떤 최악의 상태가 예상되는가? 이런 것들을 해보지 않거나 거부당하면 무엇이 문제인가?(전혀 시도도 해보지 않는 것보다는 더 의미 있지 않은가.)

4 자신에게 메모를 남겨라. "나는 …이(가) 내 기분을 결정하게 놔두지 않을 거야." 이 메모를 옷장이나 거울, 플래너에 붙여놓고 자주 들여다보라.

_____

_____

5 다음 파티 때는 앉아서 재미있는 일이 일어나기를 기다리지만 말고 그런 일을 직접 만들어내라. 처음 보는 사람에게 다가가 인사를 건네라.

6 공정하지 못한 점수를 받았다고 생각될 때, 화를 내거나 울지 말고 선생님을 찾아가 이야기를 나눠보라. 몰랐던 사실을 알게 될 것이다.

7 부모나 친구와 말다툼이 벌어졌을 때, 행실은 고치고 먼저 사과하라.

8 마음대로 할 수 없는 원에 포함된 것 중 항상 신경이 쓰이는 것을 생각해 보라. 이제 그것을 잊어버려라.

마음대로 할 수 없는데 항상 신경이 쓰이는 것 : _____

_____

_____

_____

9 누군가에게서 비열하고 무례한 문자를 받으면 일시정지버튼을 눌러라. 화난 상태에서 답하지 말고 화를 가라앉힌 다음에 최선의 방법을 결정하라.

10 자아의식이라는 도구를 사용하여 "내가 가진 습관 가운데 가장 불건전한 습관은 무엇일까?"라고 물어보라. 그 습관을 어떻게 해야 할지 생각해 보라.

가장 불건전한 습관 : _____

_____

_____

_____

그 습관을 어떻게 하겠는가? : _____

_____

_____

_____

걸음마 - 학습일지

_ 나는 어떤 걸음마를 시도했고, 무엇을 배웠는가?

끝을 생각하며 시작하라

**자신의 운명을 스스로 컨트롤하지 못하면
다른 사람이 컨트롤할 것이다**

지금 우리가 선택하는 길은 영원히 우리에게 영향을 미칠 수 있다.

_숀 코비

"끝을 생각하며 시작하라"는 무슨 의미일까

습관2 "끝을 생각하며 시작하라"는 것은 어디로 가고 싶은지 목표가 무엇인지 사전에 분명한 그림을 그리라는 의미이다. 자신의 가치와 원칙, 도전적이지만 현실적인 목표를 정해야 한다는 것이다. '습관1'에 의하면 우리는 승객이 아니라 운전사이다. '습관2'에서는 우리가 운전사이기 때문에 목적지를 정하고 거기에 가기 위한 지도를 만들어야 한다고 말한다.

끝을 생각하며 시작해야 한다고 지금 당장 구체적인 것들을 모두 결정할 필요는 없다. 그러면 여행의 재미가 반감될 것이다. 단순히 오늘 이후를 생각하고 어느 방향으로 갈지 결정하면, 한 걸음 내디딜 때마다 목표에 접근하게 될 것이다.

우리는 언제나 그렇게 한다. 학기말 리포트를 작성하기 전에 개요를 잡는다. 빵을 굽기 전에 요리법을 보고, 자동차로 여행하기 전에 내비게이션에 목적지를 입력한다.

삶의 갈림길

10대인 우리는 인생의 중요한 갈림길에 서 있으므로 끝을 생각하면 앞으로의 삶에 큰 보탬이 될 것이다. 지금 우리가 선택하는 길은 우리의 미래에 영향을 미친다.

우리는 지금 삶의 어느 갈림길에 서 있는가? 어느 길을 선택하겠는가? (예를 들면, 대학, 결혼, 가족, 직장, 군대, 프로운동선수, 건강, 돈 등.)

오른 쪽의 갈림길 표지판에 자신의 답을 적어라.

우리는 매일 우리의 미래에 영향을 미칠 문제들에 대한 질문에 마주친다. 그 질문에 맞닥뜨려 생각 없이 결정하기 전에 지금 그 질문에 어떻게 답할지 결정하라.

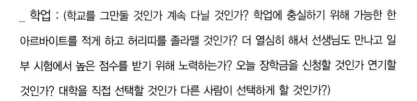

삶의 갈림길

_ 학업 : (학교를 그만둘 것인가 계속 다닐 것인가? 학업에 충실하기 위해 가능한 한 아르바이트를 적게 하고 허리띠를 졸라맬 것인가? 더 열심히 해서 선생님도 만나고 일부 시험에서 높은 점수를 받기 위해 노력하는가? 오늘 장학금을 신청할 것인가 연기할 것인가? 대학을 직접 선택할 것인가 다른 사람이 선택하게 할 것인가?)

_ 성 : (성관계를 가질 것인가 말 것인가? 남자친구나 여자친구의 압력에 굴복하겠는가? 관계를 갖지 않았으면서 가진 것처럼 말하겠는가?)

_ 약물 : (약물을 복용할 것인가 말 것인가? 한번 해볼 것인가 말 것인가? 친구들의 압
박에 굴복할 것인가 말 것인가? 음주운전을 할 것인가 친구들 사이에서 지정운전자des-
ignated driver가 될 것인가? 마약을 하지 않으면서 하는 것처럼 말하겠는가? 담배를 필 것
인가 말 것인가? 다른 사람이 마약을 하는 것을 도와줄 것인가 말 것인가? 경찰에 붙잡
히는 위험을 감수할 것인가 말 것인가?)

친구들은?

우리가 오늘 선택한 길은 우리의 인생에 영원히 남겨진다. 어느 그룹에
가입하면, 심각한 중독문제가 있는 사람들과 어울릴 수 있다. 담배를 피
고, 술을 마시고, 마약을 복용하면 몇 년 동안 건강이 나빠질 것이다.

어떤 가치를 선택하겠는가? 무엇을 대변하겠는가? 사회에 어떻게 기
여하겠는가? 믿든 안 믿든 이 질문에 대한 수많은 답은 우리의 행동과 결
정에 따라 달라진다.

우리가 선택한 친구들이 우리의 다른 선택에 영향을 미칠 수 있다. 주변
사람들은 우리에게 도움을 줄 수도 있고 해를 입힐 수도 있다. 그들은 우
리의 태도, 평판, 방향에 중요한 영향을 미칠 수 있으므로 어떻게든 현명
하게 선택하라.

《성공하는 10대》119~120페이지 "삶의 갈림길 – 친구는?"을 읽고 다
음 문장을 완성하라.

_ 나와 가장 친한 친구들과 그 외의 친구들은 : (그들의 이름을 적어라.)

_ 친구들과 즐겨 하는 재미있는 일은 :

_ 우리의 공동관심사는 :

_ 그들에게서 새로 배운 것들은 :

성문제는?

10대에 성과 관련하여 내리는 결정은 우리의
건강, 자기 이미지, 성장, 평판, 결혼상대 선택,
장차 태어날 아기 등에 영향을 미칠 것이다.
우리는 자신의 길을 자유롭게 선택할 수 있지
만, 그에 따른 결과는 선택할 수 없다.

《성공하는 10대》120~121페이지 "삶의 갈림길—성문제는?"을 읽고
다음 질문에 답하라(미국 보건후생성에서 인용한 것이다).

	예	아니오
성관계를 갖는 것이 자신의 도덕적 가치와 일치하는가?		
부모님은 지금 성관계를 갖는 것을 승인하겠는가?		
만일 아이가 생기면, 아이에 대한 충분한 정서적 · 경제적 지원을 책임 지겠는가?		
파트너와 헤어진 후에도 성관계를 가진 것에 대해 만족하겠는가?		
성관계를 가지라고 강요한 사람이 없다는 것을 확신하는가?		
파트너가 지금 성관계 갖기를 원하는가?		
파트너가 HIV/AIDS 등의 성병에 감염되지 않았다는 것을 확신하는가?		

만일 이 질문들에 대해 하나라도 '아니오'가 있다면, 기다리는 것이 좋
다. '습관7'에서 이 어려운 문제에 대해 조금 더 자세하게 살펴보도록 하
겠다.

이 워크북 83페이지 갈림길 표지판에 적은 것 가운데 하나를 선택하여 오늘의 결정이 자신의 건강, 자기 이미지, 평판, 결혼상대 선택, 장차 태어날 아기에 어떤 영향을 미칠지 생각해 보라.

_ 건강 :

_ 자기 이미지 :

_ 평판 :

_ 결혼상대 선택 :

_ 장차 태어날 아기 :

학교는?

지금 학교와 관련하여 내리는 결정은 교육에 중대한 영향을 미칠 수 있다. 우리가 깨닫든 깨닫지 못하든, 이 순간에 우리 앞에는 세계가 놓여 있다. 우리는 원하는 것은 무엇이든 할 수 있다. 또한 원하는 곳은 어디든 갈 수 있다. 하지만 그것의 상당 부분은 학교에 대

해 내리는 결정에 좌우된다. 따라서 현명하게 선택하라. 자신을 과소평가하여 스스로 선택을 제한하는 일이 없도록 하라. 우리는 젊고, 우리의 뇌는 지식 확장과 새로운 것을 학습할 수 있는 최고의 상태에 있다.

다른 사람들에게 배우기
《성공하는 10대》122~123페이지 "삶의 갈림길 – 학교는?"을 읽어라.

_ 내가 알고 있는 사람으로서 학교교육을 중요하게 여기는 사람은 :

그 사람을 만나서 인터뷰한다고 생각하고, 다음 6개의 질문을 하라.

1. 당신은 10대 시절에 커서 무엇이 되겠다고 생각했는가?

2. 당신은 10대였을 때, 어떤 진학계획을 갖고 있었나? (고등학교, 일반대학, 전문학교 등)

3. 어느 고등학교를 다녔는가? 어느 대학교를 다녔는가?

4. 고등학교 때의 경험이 지금까지의 삶에 어떤 영향을 미쳤는가?

5. 대학교 때의 경험이 지금까지의 삶에 어떤 영향을 미쳤는가?

6. 진학과 관련하여 다른 진로를 선택했으면 좋았을 것이라고 생각하는가? 만일 그렇다면, 어떤 진로를 선택했으면 좋았겠는가?

인터뷰 후 자신에 대한 질문

_ 그의 대답 가운데 나를 가장 놀라게 한 부분은 :

_ 내가 기대하지 않았던 대답이나 사실들은 :

_ 이 사람의 인터뷰로부터 취하고 싶은 조언은 :

_ 나는 커서 ～이 되겠다 :

_ 학교생활을 잘하고 성적이 좋으면 나의 목표 달성에 어떤 영향을 미칠까?

_ 이 목표를 달성하기 위한 나의 진학계획은 : (일반대학, 전문학교 등)

_ 내가 들어가고 싶은 대학교/전문학교는 :

_ 나의 삶에 영향을 미칠 수 있는 고등학교 때의 경험은 :

누가 리드할 것인가?

자신의 비전을 갖지 못하면 친구, 부모님, 언론, 기타 다른 사람이 우리의 비전을 만들 것이다. 그들의 관심이 자신의 관심과 일치한다고 생각하는가? 만일 우리가 자신이 누구이고, 무엇이 되고 싶은지에 대한 비전을 만들지 못하면, 앞서 가는 사람들만 보고 따라가게 될 것이다.

《성공하는 10대》123~127페이지 "누가 리드할 것인가?"를 읽고, 어떤 상태가 되고, 무엇이 되고 싶은지 등 자신의 미래에 대한 비전을 생각해 보라. 다음 문장을 완성하라.

_ 장차 무엇이 되고, 어떤 상태가 되고 싶은지에 대한 비전을 갖는 것이 중요한 이유는 :

_ 비전을 갖지 않았을 때의 결과와 문제가 될 수 있는 것들은 :

_ 나와 같은 가치관을 갖고 있는 친구들과 어울리는 것이 중요한 이유는 :

_ 나의 친구들이 가치있게 생각하는 것들은 :

_ 나의 부모님과 가족들이 가치있게 생각하는 것들은 :

_ 나의 가치관 가운데 친구들과 가족들의 가치관과 같은 것들은 :

_ 나의 가치관 가운데 친구들과 가족들의 가치관과 같지 않은 것들은 :

_ 나와 다른 가치관을 가진 친구들과 어울렸을 때의 결과는 :

_ 나의 10대 때 선택은 내가 컸을 때 다음과 같은 영향을 미칠 수 있다.

자기 사명서 작성하기

자기 사명서는 우리의 삶을 어떻게 살 것인지 말해주는 개인의 신조나 좌우명 같은 것이다. 삶의 설계도이고 인생여행의 지도이다. 우리의 운명은 아직 결정되지 않았으니 사회에 유산을 남기기 위하여 오늘 자신만의 특별한 운명을 만들어보라.

삶은 직업career이 아닌 사명mission이란 점을 잊지 말라. 직업은 "내게 돌아오는 것은 무엇인가"라고 묻지만, 사명은 "나는 사회발전을 위해 무엇을 할 것인가"라고 묻는다.

_ 자기 사명서가 중요한 이유는 :

다음 페이지의 '위대한 발견'을 완성하라.

위대한 발견은 우리가 사명서를 작성할 때 자신의 내면 깊숙한 곳을 성찰할 수 있게 해주는 재미있는 활동이다. 차례대로 순서에 따라 묻는 질문들에 솔직하게 답하라. 답을 책에 써도 좋고 그냥 생각만 하고 있어도 된다. 다 마치면 무엇이 우리를 신바람 나게 하는지, 무엇을 하는 것을 좋아하는지, 누구를 존경하는지, 인생의 목적이 무엇인지에 대한 훨씬 더 좋은 아이디어를 갖게 될 것이다.

습관2

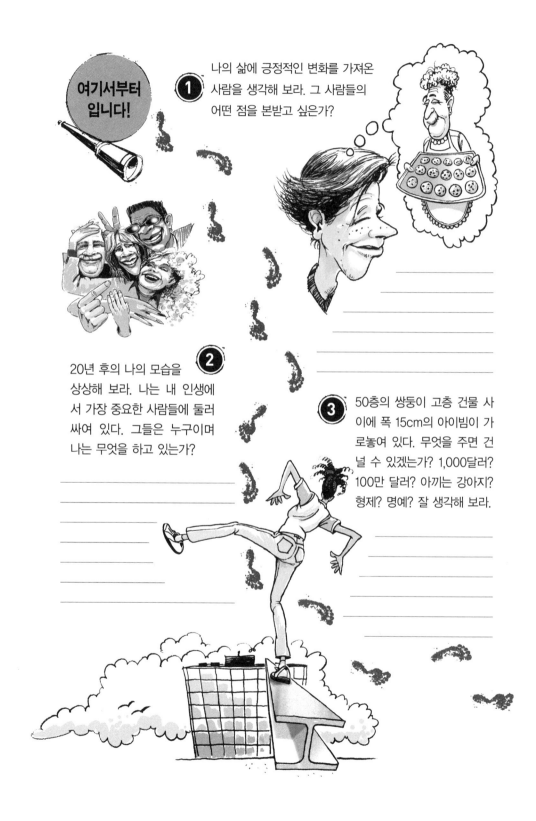

여기서부터 입니다!

① 나의 삶에 긍정적인 변화를 가져온 사람을 생각해 보라. 그 사람들의 어떤 점을 본받고 싶은가?

_____
_____
_____
_____

② 20년 후의 나의 모습을 상상해 보라. 나는 내 인생에서 가장 중요한 사람들에 둘러싸여 있다. 그들은 누구이며 나는 무엇을 하고 있는가?

_____
_____
_____
_____
_____
_____

③ 50층의 쌍둥이 고층 건물 사이에 폭 15cm의 아이빔이 가로놓여 있다. 무엇을 주면 건널 수 있겠는가? 1,000달러? 100만 달러? 아끼는 강아지? 형제? 명예? 잘 생각해 보라.

_____
_____
_____
_____

6 아주 흥분되고 깊은 영감을 받은
순간을 설명하라.

_____
_____
_____
_____

5 좋아하는 일 10가지를 적어라.
무엇이든 좋다. 웹 디자인, 춤추기, 자
유롭게 랩 하기, 이미지 사이트 훑어
보기, 외국 토속 음식 먹기, 공상하기
등 좋아하는 것이면
무엇이든 적어보라.

1. _____
2. _____
3. _____
4. _____
5. _____
6. _____
7. _____
8. _____
9. _____
10. _____

4 모든 책과 정보를 제공하는 훌륭한
도서관에서 하루 동안 하고 싶었던
공부를 마음껏 할 수 있다면 무엇을
하겠는가?

_____
_____
_____
_____

7 5년 후 주요 언론사가 나에 관한 특집기사를 쓰기 위해 당신과 가까운 세 사람을 인터뷰하려고 한다. 그들은 누구인가? 또 그들이 어떻게 말해주었으면 좋겠는가?

지역신문

가족과 친구
"대~단한
녀석이죠!"

8 꽃, 노래, 동물 등 자신을 상징할 만한 것을 생각해 보라. 왜 그런 것들이 나를 상징하는가?

9 과거의 인물을 만나 한 시간 동안 이야기할 수 있다면, 누구를 선택하겠는가? 왜 그 사람을 선택했는가? 그에게 무엇을 물어보겠는가?

수 계산 잘함
어휘력 뛰어남
창조적 사고
운동
추진력
눈치   말하기
기계조작   글쓰기
예능   춤추기
협동심   듣기
기억력   노래하기
결단력   유머
손재주   나눠갖기
예지력   음악
포용력   퀴즈풀기

⑩ 누구나 1, 2가지 재능은 갖고 있다. 나는 어떤 재능을 갖고 있는가?
리스트에 없는 것을 직접 적어라.

_____   _____
_____   _____
_____   _____
_____   _____

재능 발견

자기 사명서를 작성하는 데 중요한 부분은 자신이 잘하는 것을 발견하는 것이다. 누구나 1가지 재능, 즉 자신이 잘하는 것은 가지고 있다. 그것이 무엇인지 찾아야 한다.

훌륭한 운동선수나 가수처럼 많은 사람의 주목을 받는 재능이 있는가 하면, 별로 관심을 끌지는 못하지만 그에 못지않게 중요한 재능이 있다. 앞에서 말한 것처럼 경청 잘하기, 듣기, 사람들 웃기기, 베풀기, 용서하기, 그리기, 친절 베풀기 등은 세상을 보다 나은 곳으로 만드는 재능이다.

자신의 재능을 적어라

1. 《성공하는 10대》 127~128페이지를 읽어라.
2. 자신을 잘 알고 있는 세 사람을 선택하라.
3. 그 사람들과 대화를 나눠라. 그들에게 내가 갖고 있다고 생각되는 재능을 최소한 3가지 알려달라고 하라.
4. 각 사람의 이름과 그들이 말한 나의 재능을 적어라.

_ 첫 번째 사람 :

1. _____
2. _____
3. _____

_ 두 번째 사람 :

1. _____

2. _____

3. _____

_ 세 번째 사람 :

1. _____

2. _____

3. _____

5. 내가 미처 알지 못한 나의 재능에 동그라미를 쳐라.

사명서 작성을 시작하라

세상에 수많은 사람이 있는 것처럼 사명서를 만드는 방식도 수없이 많다. 어떤 방식으로 만들든 자신의 삶에 영감을 불러일으키거나 감동을 주는 것, 즉 자신의 가치·기준·삶의 목표를 떠오르게 하는 어떤 것을 적으면 된다. 가장 훌륭한 사명서는 우리의 삶을 더 적극적으로 이어갈 수 있게 해주고, 일상의 도전들에도 기꺼이 응전하게 해준다.

《성공하는 10대》134~135페이지 "사명서로 시작하기"를 읽어라.

＿ 자신이 알고 있는 유명인이나 영감을 주는 사람의 이름을 적어라.

다음 질문에 답하라.

＿ 이 사람에게는 무엇이 중요했는가?

＿ 이 사람의 삶에 영감과 영향을 준 것은 무엇이었는가?

＿ 자신이 선택한 이 유명인사의 짧은 사명서는 무엇이겠는가?

＿ 자신이 가장 선망하는 것으로 다른 사람들이 갖고 있는 훌륭한 점은 무엇인가?

　앞의 세 페이지와 위대한 발견을 검토하라. 5분 동안 자신의 사명서를 만들어라. 빠른 속도로 적어나가라. 내용이나 형식은 신경 쓰지 말고 멈추거나 고쳐 적지 말라. 그저 생각나는 대로 쏟아내라. 연결이 안 되거나 지저분해 보여도 신경 쓰지 말라. 생각나는 것이 없으면 '생각나지 않는다'라고 적어라. 그냥 계속 적어라!
　도움이 필요하면 다음과 같은 개인사명서를 참고해도 좋다.

스티븐 스트롱Steven Strong이 말하는 그의 사명서RESPECT

Religion(종교)
Education(교육)
Succeeding(성공)
Productive(생산적)
Exercise(운동)
Caring(관심)
Truthful(진실함)

조심할 것 3가지

가장 고약한 형태의 편견은 부정적인 꼬리
표를 붙이는 것이다. 우리는 흔히 누군가에
대해 잘 알지도 못하면서 꼬리표를 붙이
고 부당한 판단을 내린다. 그리고 우리
에게도 평생 한 번은 이처럼 부당한
꼬리표가 붙여진다. 그 꼬리표를 믿기
시작할 때 위험이 온다.

사실, 꼬리표는 패러다임과 같다. 우
리가 보는 대로 행동하고 보여지는 대로 되는 법이다. 예를 들면 우리에
게 '게으르다'는 꼬리표가 붙여지면 스스로 그렇다고 믿기 시작한다. 스
스로 실현하는self-fulfilling 믿음이 되는 것이다. 하지만 기억하라. 우리는 그
꼬리표대로가 아니라는 것을.

나의 인식 점검

《성공하는 10대》135~139페이지를 읽어라.

우리가 학교 복도를 걷다가 반대편에서 걸어오는 모르는 여학생을 보
았다고 해보자.

_ 그 여학생에게서 제일 먼저 본 것은 :

_ 그녀에게서 발견한 무엇이 그녀에 대한 꼬리표를 만들었는가? 왜?

_ 그녀에 대해 관찰한 것이 옳지 않다면 어떻게 하겠는가? 그 꼬리표를 떼어줄 수 있는가?

_ 내가 과거에 누군가에 붙였던 꼬리표는 :

_ 그러한 꼬리표를 붙인 이유는 :

_ 그 꼬리표가 내가 그를 대하는 방식에 영향을 미친 이유는 :

_ 그 꼬리표가 그에게 미쳤을 수 있는 다른 영향은 :

_ 그 꼬리표가 틀린 적이 있는가? 얼마나?

목표를 향해

목표는 사명서보다 더 구체적이다. 실제로 목표는 사명을 실행 가능한 크기로 나누는 데 도움이 될 수 있다. 사명서는 달성하고자 하는 목적이고, 목표는 그 사명을 어떻게 달성할 것인지 구체적으로 정한 것이다.

실행하기

《성공하는 10대》139~146페이지 "목표를 향해"를 읽고 다음 문장을 완성하라.

_ 내가 꼭 성취하고자 하는 1가지 목표는 :

_ 어떤 희생이 필요한가? 이 목표를 달성하기 위해 포기하거나 바꾸어야 할 것 1, 2가지는 :

1.
2.

_ 이것을 포기함으로써 얻게 되는 이익은 :

_ 적어라! 내가 목표를 적어놓거나 타이핑 해놓을 곳은 :

_ 이 목표를 실행하거나 기억하기 위해 구체적으로 필요한 것들은 :

_ 꼭 해내자! 이 목표를 달성하고 그것을 항상 잊지 않게 해줄 도구는 :

_ 중요한 순간을 활용하라! 중요한 사건들로 인해 내 삶에 일어난 변화는 : (《성공하는 10대》 144~145페이지 "중요한 순간들"을 참고하라.)

_ 이 중요한 사건들로 인한 변화를 통해 나 자신에 대해 파악한 사실들은 :

_ 로프를 묶어라! 나의 목표 달성을 도와줄 수 있는 중요한 사람은 :

_ 나의 목표 달성을 도와줄 수 있는 그 외의 다른 사람은 :

_ 나의 목표 달성을 도와주었으면 하는 과거 혹은 현재의 유명인사나 영감을 주는 사람은 :

_ 그의 어떤 점이 내가 목표를 달성하는 데 도움이 되겠는가?

실행 과정 속의 목표

구체적인 목표는 우리가 원하는 곳에 도달하게 인도해 준다. 목표가 없으면, 길을 잃고 목적지에 도달하지 못할 것이다. 목표는 길을 잃지 않도록 도와주고, 가장 빠른 시간 안에 목적지에 도달할 수 있도록 해준다.

《성공하는 10대》146~148페이지 "목표를 향하여"를 읽고, 목표가 데이비드를 어떻게 도와줬는지에 대한 다음 문장을 완성하라.

_ 데이비드가 원하는 곳에 도달할 수 있도록 목표가 도움을 준 이유는 :

_ 데이비드가 목표를 정하지 않았다면 벌어졌을지도 모르는 일들은 :

자신에게 다음 질문을 하라.

_ 나의 삶이 목표를 정함으로써 달라질 수 있는 이유는 :

_ 목표가 끝을 생각하며 시작하는 습관을 들이도록 도와줄 수 있는 점은 :

약점을 강점으로 바꾸기

우리는 자주 다른 누군가처럼 되었으면 좋겠다고 생각한다. '나도 저런 곱슬머리를 가졌으면…' 혹은 '그 사람처럼 축구를 잘할 수 있었으면…' 혹은 '그녀처럼 사람들을 웃길 수 있었으면…'과 같은 생각을 한다.

약점은 장기적으로 우리를 더 강하게 만들 수 있다. 스스로 신체적, 사회적, 정신적 능력이 부족하다고 생각할 때 목표 달성을 위해 더 열심히 노력하라. 모든 것이 너무 쉽게 이루어지면, 당연한 것으로 생각해 버린다. 이 부족한 상태의 불리한 싸움에서는 대단한 각오와 정신력을 발휘할 수 있기 때문에 약점이 강점이 될 수 있다.

계획 세우기

《성공하는 10대》 141~142페이지 "약점을 강점으로 바꾸기"를 읽어라. 자신의 강점과 약점을 적어라.

_ 나는 이 약점들을 강점으로 전환하기 위해 다음과 같은 행동을 취할 수 있다.

나의 강점	나의 약점
나는 신의 있는 친구이다.	나는 성급하게 판단한다.
1.	1.
2.	2.
3.	3.

독특한 인생을 만들어라

우리는 독특한 인생을 만들어야 한다. 우리의 운명은 아직 결정되지 않았으니 자신만의 특별한 운명을 만들고 사회에 영원한 유산을 남겨라. 사명을 갖고 세상을 반드시 바꿔야 하는 것은 아니다. 자아실현의 기회를 찾아 이용하면 되는 것이다.

강점은 신체적 재능에서 오는 것이 아니라, 불굴의 의지에서 오는 것이다.

_모한다스 간디Mohandas Gandhi

예를 통해 배우기

《성공하는 10대》149~151페이지 "독특한 인생"을 읽어라.

_ 내가 남겨주고 싶은 유산은 :

_ (아래 그레그 앤더슨의 말을 읽어라.) 나는 삶의 초점을 어디에 맞추고 있는가?

_ 그 분야는 내가 유산을 남겨주고 싶은 분야이다. 맞는가 틀리는가?

_ 만일 틀리다면, 내가 원하는 유산을 남겨주기 위해 어느 분야에 삶의 초점을 맞추겠는가?

우리가 인생을 행복하게 살기 위해 바꾸어야 하는 것은 삶의 초점 하나뿐이다.

_그레그 앤더슨
Greg Anderson

걸음마

① 직업적으로 성공하기 위해 필요한 3가지 중요한 기술을 생각해 보라. 더 잘 정리하고, 사람들 앞에서 더 자신 있게 말하고, 강력한 컴퓨터 프로그래밍 기술이 있는가?

직업적으로 성공하기 위해 필요한 중요한 기술 3가지 : _____

_____

_____

_____

② 30일 동안(습관이 몸에 배는 데는 이 정도의 시간이 걸린다) 매일 사명서를 다시 읽어라. 사명서를 기준으로 모든 결정을 내려라.

③ 거울을 들여다보고 "나는 나 같은 사람하고 함께하고 싶을까?"라고 질문하라. 만일 함께하고 싶은 생각이 들지 않는다면, 모자라는 부분을 개선하기 위해 노력하라.

④ 학교 지도교사나 취업상담교사를 찾아가 대학 혹은 진로 선택에 대해 이야기를 나누어 보라. 온라인 적성검사를 받고 자신의 재능, 능력, 관심이 어떤지 알아보라.

⑤ 지금 내 앞에는 어떤 갈림길이 놓여 있는가? 장기적으로, 어떤 길이 최선의 길인가?

내 앞에 놓인 갈림길 : _____

_____

_____

_____

최선의 길 : _____

_____

_____

_____

걸 음 마

6 위대한 발견 활동의 질문들 일부를 페이스북이나 블로그에 공유하라. 친구들이 무엇이라고 답하는가? 자신의 것도 공유하라.

7 자신의 목표에 대해 적어보라. 목표를 적어놓았는가? 적어놓지 않았다면 적어라. 적어놓지 않은 목표는 소원에 지나지 않는다.

8 다른 사람들이 내게 붙여두었을지 모르는 부정적인 꼬리표가 무엇인지 알아보라. 그 꼬리표를 떼기 위해 어떤 일을 할 수 있는지 생각해 보라.

부정적 꼬리표 : _____

_____

_____

_____

꼬리표를 떼는 방법 : _____

_____

_____

_____

걸음마 - 학습일지

_ 걸음마에서 어떤 것이 답하기 가장 어려웠는가? 그 이유는?

소중한 것을 먼저 하라

할 일과 안 할 일 구별하기

시간의 지배를 받아서는 안 된다. 내가 시간을 지배해야 한다.

_골다 메이어Golda Meir

삶을 풍부하게 하는 방법

오늘날 10대들은 과거 어느 때보다도 다양하고 많은 것들을 날마다 하고 있다. 학교 가기, 친구와 어울리기, 방과 후 활동, 동아리 활동, 스포츠, 아르바이트, 가족 돕기 등등 숨 쉴 시간도 없을 정도다. 하루 일과가 이런 식이다. 우리는 아침에 일찍 일어나 세수하고 밥 먹고 학교에 간다. 오늘은 입학을 고려하고 있는 3개 대학 가운데 한 군데를 선택해야 하고, 가게 문이 닫히기 전에 휴대전화를 고쳐야 되고, 장학금신청 마감일이 얼마 남지 않았다. 미뤄왔던 화학숙제를 해야 하고, 방과 후에는 운동연습을 한다. 밤에는 아르바이트를 해야 하고, 캘리포니아에 있는 친구에게 영상 통화를 하자고 한 약속도 지켜야 한다. 그리고 주말에는 데이트가 있다. 할 일이 너무 많아 무엇을 해야 할지 모른다. 어디서부터 시작해야 하는가?

내일 시험

뒤로 미루는 사람

첫 번째 부류 : 뒤로 미루는 사람

우리는 미루고 싶은 충동을 버리고 시간관리를 시작해야 한다. 우리가 관리하는 시간은 4개 상한(4분면)으로 나누어진다. 각 상한은 긴급성과 중요성의 정도에 따라 각기 다른 활동들을 포함하고 있다.

만일 제1상한(긴급하고 중요한 일)에 너무 매달리면, 자신에게 지나친 압박을 가할 수 있다. 스트레스와 걱정이 쌓이고, 최선을 다하지 못할 수 있고, 자신과 다른 사람을 실망시킬 수 있다. 어떤 사람들은 마감시간에 열심히 일한다. 막바지에 모든 것을 하려고 하면 시간에 쫓길 수밖에 없다. 그들은 심지어 일이 긴급해질 때까지 손을 놓고 지낸다. 당신은 습관적으로 모든 일을 뒤로 미루는가? 긴급성에 중독되어 있는가?

《성공하는 10대》 157~158페이지 "첫 번째 부류 : 미루는 사람"을 읽어라.

다음 설문에 솔직하게 답하라.

	그렇다	아니다
거의 매일 나는 앉아서 제대로 식사할 시간이 없어서 패스트푸드나 간식을 자주 먹고 식사를 거르기도 한다.		
나는 시험보기 전날 밤 벼락치기 공부를 하고, 에세이를 쓰기 위해 위키피디아를 찾아본다.		
나는 제출하기 전날 밤 과제물을 작성하며, 제출하기 전에 거의 읽어보지 않는다.		
나는 직접 대화하기보다는 온라인이나 문자 메시지를 통해 대화를 나눈다.		
나는 보통 약속, 연습, 학교에 늦는다.		
나는 일정 관리를 잘 못해서 때때로 친구들과 겹치는 일정을 잡기도 한다.		
나는 일에 쫓기지 않으면 의욕을 느끼지 못한다.		
나는 1가지 일에 몰두하면서 다른 일을 하는 경우가 많다.		
나는 주변 사람들과 일이 느리게 돌아가는 것이 불만스럽다. 나는 기다리거나 줄을 서는 것을 싫어한다.		
나는 아주 바쁘다.		
나는 자신을 위한 시간은 거의 갖지 못한다.		
나는 일을 미리 계획하고 실행했으면 좋겠다고 생각할 때가 많다. 나는 너무 늦는 경우가 많다.		
나는 친구와 가족들의 생일을 잊고 넘어간다.		
나는 자주 과제나 약속을 잊어버린다.		
총점		

세 번째 부류 : 예스맨

제3상한은 긴급하지만 중요하지 않은 활동이다. 이 상한에 많은 시간을 쓰는 사람들은 다른 사람을 챙기느라 바쁘고 무슨 일이든 거부하지 못한다. 이 상한에 너무 많은 시간을 쓰고 있다면, 우선 가장 중요한 것들부터 확인해야 한다. 다른 사람이 아닌 자신에게 가장 중요한 것들이 무엇인지 생각해 보는 시간을 가져라.

《성공하는 10대》159~160페이지 "세 번째 부류 : 무조건 '그래'라고 하는 사람"을 읽어라.

소중한 시간에 가치 있는 활동들만 하는 방법은 무수히 많다. 그런데 그런 활동들을 하는 가장 효과적인 방법은 지금 당장 중요한 것들을 확인하는 것이다. 그러면 그 우선순위에 따라 중요한 일들부터 먼저 할 수 있다.

다음 페이지의 표 왼쪽에 우선순위가 가장 높은 것 2가지를 적어라. 오른쪽에는 이 목표를 달성하기 위해 포기할 수 있는 활동들을 적어라.

우선순위가 가장 높은 것	이 목표를 달성하기 위해 포기할 수 있는 활동들
학교성적	방과 후 비학습활동 사교행사 참가 TV 시청 아르바이트 연장근무

두 번째 부류 : 우선순위를 정해 일하는 사람

제2상한은 친구들과 우정을 쌓거나 운동을 하거나 미리 계획을 세우거나 숙제를 하거나 재충전하는 방법을 찾는 것 등의 활동이다. 훌륭한 삶을 영위할 수 있게 해주는 활동으로, 우리는 이러한 활동들을 많이 해야 한다.

효과적인 시간관리의 핵심은 제2상한 활동에 가능한 한 많은 시간을 할당하는 것이다. 그러기 위해서는 다른 상한에 쓰이는 시간을 줄여야 한다.

각 상한에 쓰이는 시간 확인하기

1. 《성공하는 10대》 161~164페이지 "두 번째 부류 : 우선순위를 정해 일하는 사람"을 읽어라.
2. 다음 페이지의 설문에 답하라.
3. 각 상한의 점수를 계산하라.
4. 점수표를 사용하여 각 상한의 총점을 계산하고 그 비율을 확인하라.
5. 시간상한표에 각 상한의 퍼센트를 적어라.

	1=전혀 그렇지 않다 5=항상 그렇다
1. 나는 규칙적으로 얼마나 자주 문제를 해결하기 위해 애쓰는가?	1 2 3 4 5
2. 나는 규칙적으로 얼마나 자주 학습능력을 향상시키기 위해 노력하는가?	1 2 3 4 5
3. 나는 규칙적으로 얼마나 자주 친구들과 어울려 다니는가?	1 2 3 4 5
4. 나는 규칙적으로 얼마나 자주 TV를 시청하고, 비디오 게임을 하고, 인터넷을 하는가?	1 2 3 4 5
5. 나는 규칙적으로 얼마나 자주 긴급한 상황에 처하는가?	1 2 3 4 5
6. 나는 규칙적으로 얼마나 자주 형제들이나 다른 가족과 함께하는가?	1 2 3 4 5
7. 나는 규칙적으로 얼마나 자주 다른 사람이 내게 원하는 일을 하는가?	1 2 3 4 5
8. 나는 규칙적으로 얼마나 자주 친구들과 어울려 잡담을 나누는가?	1 2 3 4 5

질문 1과 5(제1상한) :

질문 2와 6(제2상한) :

질문 3과 7(제3상한) :

질문 4와 8(제4상한) :

점수표

점수	%
10	45
9	40
8	35
7	30
6	25
5	20
4	15
3	10
2	5

시간상한

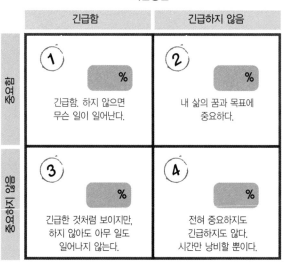

플래너를 사용하라

소중한 것을 먼저 할 수 있도록 우선순위를 정하고 장기적으로 볼 때 별로 중요하지 않은 일을 하지 않도록 자신의 시간을 관리하라. 목표가 훌륭하고 뜻이 좋아도 그것을 실행하는 것은 정말 어려운 일이다.

할 일이 많은 때일수록 강해지고 두려움을 극복하는 법을 배워라. 습관 3은 '하겠다는 의지력(가장 중요한 것에 예스라고 말할 수 있는 힘)'과 '하지 않겠다는 의지력(덜 중요한 것과 친구들의 압력에 노라고 말할 수 있는 힘)'에 대한 습관이다.

시간배분

1. 《성공하는 10대》 164~169페이지 "플래너를 사용하라"를 읽어라.
2. 다음 페이지의 설문에 답하라. 각 분야에 일주일에 평균 몇 시간을 쓰는지 적어라.

활동 분야	사용되는 시간
수업	
종교활동과 영적 활동	
집안일	
과외활동(레슨, 운동 등)	
숙제	
몸단장/위생	
식사	
약속한 만남	
수면	
레저활동	
가족들과 함께하는 시간	
친구들과 함께하는 시간	
문자 메시지나 통화	
공부	
여행	
자원봉사활동	
아르바이트	
기타	
	총 시간

_ 실제로 나는 할 일이 많아서 하루 24시간보다 더 많은 시간이 필요한가?

_ 나의 시간이 가장 많이 쓰이는 분야는 : (학교생활, 인터넷이나 소셜 미디어, 페이스북 업데이트 등.)

_ 나의 하루는 보통 소중한 것을 하는 데 다 쓰인다. 그런가, 아닌가?

_ 내가 시간을 가장 많이 낭비하는 분야는 :

_ 내가 처리하기 위해 충분한 시간을 갖지 못하는 일은 무엇인가?

모든 사건과 모든 일에 대해 플래너나 다른 수첩, 스마트폰이나 PC, 노트북 컴퓨터를 사용하는 것이 좋다. 우리는 자신의 숙제, 약속, 해야 할 일, 특별한 날짜, 목표, 기타 잊어버리기 쉬운 것들을 적을 수 있는 공간이 필요하다.

일주일 단위로 계획하라

우리는 매주 해야 할 중요한 일들이 있다. 중요한 시험에 대비한 공부, 과제로 내준 책읽기, 친구의 경기 관람하기, 운동, 아이 돌보기, 아르바이트 지원 등이 여기에 해당될 것이다. 이러한 일들이 우리의 '큰 돌들'이다. 한 주 동안 해야 할 가장 중요한 일들인 것이다.

우리는 큰 돌들(즉 중요한 일들)의 계획을 먼저 세우면, 나머지 작은 돌들(즉 덜 중요한 일들)도 모두 넣을 수 있을 것이다.

큰 돌들이 무엇인지 정하라

한 주를 시작하거나 마칠 때 15분만 시간을 내서 이번 주에 무엇을 할지 결정하라. 자신에게 "이번 주에 해야 할 가장 중요한 일은 무엇인가?"라고 물어보라. 이것이 한 주간의 큰 일들이다. 다시 말해서 사명서(습관 2를 기억하라)에 따라 살아가도록 도와주고, 장기적인 목표 달성을 가능하게 해주는 작은 목표들이다.

《성공하는 10대》164~169페이지 "플래너를 사용하라"를 읽어라.

_ 이번 주/다음 주 나의 큰 돌들은 :

_ 그것들을 계획하고 기록할 방법은 : (사용할 도구나 행동을 써라.)

자신의 역할들을 점검하라

우리는 삶의 여러 영역에서 학생, 형제나 자매, 아들이나 딸, 운동팀원, 서클회원, 교회신도, 손자, 직원 등 많은 역할을 맡고 있다. 우리는 이 가운데 핵심역할들을 인정하고 각 역할 속에서 해야 할 중요한 일들을 성취해야 한다.

역할을 중심으로 계획을 세우면 균형 잡힌 삶을 살 수 있다. 계획을 세울 때 자신의 역할들을 생각해 보라. 그러면 가장 중요하고 훌륭한 결과를 가져다주는 분야에 시간을 사용할 수 있을 것이다.

각 역할의 목표 정하기

_ 내가 삶의 각 영역에서 맡고 있는 역할은 : (예를 들면 학생, 친구, 가족구성원, 직원, 토론팀원, 밴드 리더 등.)

1. 아래의 표 왼쪽에 가장 중요한 역할을 적어라.
2. 자신에게 "이번 주에 이 역할과 관련하여 무언가 의미 있는 일을 한 다면, 그것은 어떤 일이 되겠는가?"라고 물어라.
3. 표의 오른쪽에 각 역할과 관련하여 하고 싶은 의미 있는 일들을 적 어라.

역할	의미 있는 1가지 일
학생	과학시험 공부
가족구성원	할머니께 전화드리기
_____	_____
_____	_____
_____	_____

이번 주의 계획을 세울 때, 플래너에 각 역할과 관련하여 의미 있는 1가 지 일을 위한 시간을 정하라. 예를 들면 일요일 오후에 할머니께 전화를 드리겠다고 계획할 수 있을 것이다. 그러면 플래너에 그 시간을 비워둬 라. 일종의 예약을 하는 셈이다. 만일 목표에 구체적인 시간이 지정되지 않으면 그 목표는 꼭 해야 할 필요성을 느끼지 못한다.

미래의 모습 그려보기

1. 《성공하는 10대》 164~169페이지 "플래너를 사 용하라"를 참고하라.
2. 끝을 생각하며 시작하기 위해 지금부 터 10년 후 자신이 가족모임에 참가하 고 있거나, 고등학교 동창회 모임에 참가하고 있다고 생각해 보라. 가까운 사람들이 나에 대해 무언가를 말한다면, 그

들이 무엇을 말해주었으면 좋겠는가?

3. 아래의 표 왼쪽에 그 사람의 이름과 나와의 관계를 적어라.(예를 들면 가족, 친구, 같은 반 친구, 동료 직원, 교회나 사회의 지도자, 선생님 등.)

4. 표의 오른쪽에 나에 대해 무엇을 말해 주었으면 좋겠는지 적어라.(현재의 상황을 반영한 말이 아니더라도 이 사람이 나에 대해 해주었으면 하는 말을 적어라.)

사람	나에 대한 말
제인, 절친한 친구	항상 나를 격려했고, 어려울 때 내 편이 되었다.

_ 내가 조금 더 집중하고 싶은 중요한 역할은 :

_ 내가 그 역할을 조금 더 잘하기 위해 이번 주에 하려고 하는 일은 :

나머지 반쪽

우리의 시간을 관리하는 것은 습관3의 반쪽에 불과하다. 나머지 반은 동료압력을 극복하는 것이다. 친구들의 은근한 압력이 있을 때는 정말 힘들다. 모든 친구가 '예스'라고 말할 때 혼자만 '노'라고 말하기 위해서는 약간의 용기가 필요하다. 때로는 친구들의 압력이 너무 강해서 도피하고 싶을 때도 있을 것이다.

소중한 것 찾기
《성공하는 10대》179~182페이지 "동료압력 극복하기"를 읽어라.

_ 나의 삶에서 소중한 것 3가지는 :

1. _____
2. _____
3. _____

_ 이 가운데 가장 소중한 것은 :

_ 이것이 내게 가장 소중한 이유는 :

_ 친구들의 압력은 내가 가장 소중한 것을 먼저 하는 데 어떤 영향을 미치는가?

_ 내가 친구들의 압력을 극복할 수 있는 방법은 : (자신의 행동을 설명하라.)

_ 끝을 생각하며 시작하는 습관이 소중한 것을 먼저 하는 데 도움이 될 수 있는 이유는 :

_ 주변 사람들은 가만히 있는데 내가 처음으로 옳다고 확신하는 어떤 것을 혼자 옹호했던 때는 :

_ 그 결과는 :

_ 내가 가치 있다고 믿게 해주는 그 밖의 다른 환경은?

두려움에 굴복하지 말라

사람에게는 수많은 감정이 있지만 그 가운데 가장 나쁜 감정은 아마 두려움일 것이다. 과거에 두려움에 굴복하는 바람에 실패한 경험을 생각해 보라. 두려움은 속삭인다. "넌 할 수 없어." "걔들이 너를 좋아하지 않을 거야." 고약하지만 또한 현실일 수밖에 없는 두려움은 수업을 듣고, 과분하다고 생각하는 친구와 데이트하고, 친구를 사귀고, 팀플레이를 하는 것을 방해한다.

두려움에 굴복한다는 생각이 들 때는 이 말을 잊지 말라. "절대 두려움 때문에 포기해서는 안 된다. 결정은 내가 내리는 거야." 두려움에 맞서 행동하면 나중에 참 잘했다는 생각이 들 것이다.

두려움에 맞서기

_ 내가 쉽고 편안하게 할 수 있는 것들은 :

_ 나는 편하지만 다른 사람에게는 어렵거나 두렵게 느껴지는 것들은 : (예를 들

면 외국어 말하기, 스케이트보드 타기 등.)

_ 내가 하기를 두려워하는 것들은 :

_ 하기 위해서는 큰 용기가 필요한 것들은 :

_ 이 두려움에 직면하여 일어날 수 있는 최악의 상황은 :

_ 이 두려움에 직면하여 일어날 수 있는 최선의 상황은 : (부담에서 벗어나면 얼마나 기분이 좋아지는지 생각하라.)

_ 《성공하는 10대》 170~171페이지 "나머지 반쪽—안전지대와 도전지대"를 읽어라. 도전지대에 가지 못하게 하는 것들은 :

_ 과거에는 나의 도전지대 밖에 있었고, 나이가 들면서 관심사 밖의 일이 되었거나 극복할 수 없었던 것들은?

_ 안전지대 밖에 있는 것으로서 오늘 실행하려고 하는 1가지는 :

성공 요소

당신의 목표와 우선순위를 따르기 위해서는 훈련이 필요하다. 자신의 시간을 관리하는 데에도 훈련이 필요하다. 두려움을 극복하는 데에도 훈련이 필요하다. 어려울 때 강해지고 동료압력을 극복하는 데에도 훈련이 필요하다.

두려움의 정복은
지혜로운 삶의 시작이다.
_버트런드 러셀Bertrand Russell

앨버트 E. 그레이란 사람은 성공 요소들을 밝혀내기 위해 오랫동안 '성공하는 사람들'을 연구했다. 그는 무엇을 발견했다고 생각하는가? 그가 밝혀낸 것은 성공하는 옷차림도, 특별한 식단도, 긍정적인 마음가짐도 아니었다. 그가 발견한 것을 잘 읽어라.

성공을 향해

《성공하는 10대》182~183페이지 "성공 요소"를 읽어라.

_ 많은 노력이나 희생을 필요로 하는 것 가운데 달성하고 싶은 것은 : (예를 들면 음악 프로듀서 되기, 지구온난화 막기 등.)

_ 이 목표를 달성하기 위해 필요한 5가지 요소는 : (예를 들면 화가가 되기 위해서는 매일 작품 활동을 하고, 가능한 한 많은 미술 수업을 만들어야 할 것이다.)

1. _____
2. _____
3. _____
4. _____
5. _____

_ 이 목표를 달성했을 때의 나의 모습을 그려보면 : (나는 무엇을 하고 있고, 누구와 함께 있는지 설명하라.)

걸 음 마

자신이 할 수 있는 걸음마 행동 1, 2가지를 선택하라. 다른 사람에게 그 경험을 이야기하든지 그 경험과 배운 점을 여기에 적어라.

① 태블릿 PC나 스마트폰에 플래너 앱을 설치하고 사용해 보라. 한 달 동안 사용해 본 후 시간/일정 관리에 유익한지 판단하라.

② 어디에 시간을 가장 많이 낭비하는지 확인하라. 다른 사람의 인스타그램이나 비디오 게임을 볼 필요가 있는가?

내가 시간을 가장 많이 낭비하는 활동 : _____

_____

_____

_____

③ 나는 모든 사람, 모든 일에 '예스'라고 말하며 다른 사람을 즐겁게 하는 사람인가? 그렇다면 오늘 용기를 내서 소중하지 않은 일에 '노'라고 말하라.

④ 중요한 시험이 일주일 남았다면 미루다가 시험 전날 밤새워 공부하는 일이 없도록 하라. 매일 조금씩 준비하라.

⑤ 대단히 중요한데 오랫동안 미뤄왔던 일을 찾아내라. 이번 주에 그 일을 하기 위한 시간을 정하라.

내가 계속 미뤄왔던 일 : _____

_____

_____

_____

⑥ 이번 주에 해야 할 중요한 일 7가지를 적어라. 그 일들의 일정을 잡아라.

걸음마

① 목표를 이룰 수 없게 하는 두려움이 무엇인지 생각하라. 그것은 한 개인에 대한 두려움, 감정에 대한 두려움, 상처받는 것에 대한 두려움일수도 있다. 지금 당장 안전지대에서 나와 두려움을 극복하라.

나를 붙잡고 있는 두려움 : _____

_____

_____

_____

⑧ 친구들로부터 동료압력을 얼마나 받고 있는가? 나에게 가장 큰 영향을 미치는 사람들은 누구인가 자신에게 물어보라. "나는 내가 원하는 일을 하고 있는가? 아니면 그들이 원하는 일을 하고 있는가?"

나에게 가장 많은 영향을 미치는 사람(들) : _____

_____

_____

_____

3부

공동의 승리

관계감정은행계좌
삶을 구성하는 요소

습관 4 승-승을 생각하라
삶이란 모두가 배불리 먹을 수 있는 뷔페와 같다

습관 5 먼저 이해하고 다음에 이해시켜라
우리는 귀가 둘이고, 입은 하나다

습관 6 시너지를 내라
'더 좋은' 방법

관계감정은행계좌
삶을 구성하는 요소

소개

우리는 이미 개인감정은행계좌가 자신에 대한 신뢰의 정도를 보여준다는 것을 알았다. 마찬가지로 관계감정은행계좌는 다른 사람에 대한 신뢰의 정도를 보여준다.

관계감정은행계좌는 은행의 당좌계좌와 같다. 예입을 하여 관계를 향상시킬 수도 있고, 인출하여 관계를 약화시킬 수도 있다.

당신은 어떻게 건전하고 튼튼한 관계감정은행계좌를 만들고 있는가? 관계감정은행계좌는 2가지 점에서 개인감정은행계좌와 다르다. 첫째는 자신에 대한 예입이 반드시 다른 사람에 대한 예입이 되지는 않는다는 것이다. 예를 들면, 글루텐에 알레르기가 있는 사람에게 과자를 선물하는

> 친절한 말 한마디는
> 겨울 석 달을 따뜻하게 할 수 있다.
>
> _일본 속담

것은 좋은 예입이 아니다. 또 한 가지 다른 점은 관계감정은행계좌에서는 우리가 아닌 상대편이 인출 여부를 결정한다는 것이다.

다음 표는 6가지 예입행동과 그와 정반대되는 인출행동이다.

예입	인출
약속 지키기	약속 어기기
작은 친절	이기적인 행동
신의를 지킴	소문을 내고 신의를 깨트림
경청하기	말 많이 하기
미안하다고 말함	거만하게 행동함
기대하는 것을 분명하게 함	기대하는 것을 불분명하게 함

_ 누군가 나의 관계감정은행계좌에 예입시켜 준 것으로 가장 감사했던 것은 :

다른 사람과의 관계에서 나는 어떤 상태인가? (두 사람의 이름을 적고, 각자의 잔고를 표시하라.)

이름	잔고
_____	₩ _____ + 또는 – _____
_____	₩ _____ + 또는 – _____
_____	₩ _____ + 또는 – _____

_ 만일 이 사실을 위에 적은 사람들에게 이야기하고, 나의 관계감정은행계좌 잔고에 동의하는지 묻는다면 그들은 어떻게 대답하겠는가?

각 분야에서 다른 사람과의 관계를 개선하기 위해 무엇을 할 수 있겠는가?

_ 친구 :

_ 형제자매 :

_ 부모님이나 보호자 :

_ 선생님 :

_ 여자친구나 남자친구 :

약속 지키기

약속을 지키는 것은 신뢰를 구축하는 데 대단히 중요하다. 우리는 하겠다고 말한 것을 반드시 해야 한다.

우리는 종종 지켜지지 않을 약속을 한다. 겹치는 일정을 잡은 적이 있는가? 예를 들어 한 친구에게는 함께 파티에 갈 것이라고 말해 놓고 또 한 친구에게는 장기자랑에 나오는 것을 보겠다고 말하는 것이다. 너무 많은 약속을 했다고 생각되면 가능한 한 빨리 사과하고, 가능한 한 많은 약속을 지킬 수 있는 현실적인 해결책을 찾아보거나 일정을 재조정하라.

약속을 지키지 않은 데 따르는 신뢰의 손상 회복하기
《성공하는 10대》192~193페이지 "약속 지키기"를 읽어라.

_ 다른 사람과의 약속을 지키지 않은 때는 : (사건을 설명하라.)

_ 지금 그 사람의 신뢰를 다시 회복했다, 못 했다.

_ 했다면, 어떤 방법으로 신뢰를 회복했는가? (자신의 행동을 설명하라.)

_ 못했다면, 어떻게 신뢰를 회복할 수 있겠는가? (자신의 행동을 설명하라.)

_ 누군가가 나와의 약속을 지키지 않은 때는 : (사건을 설명하라.)

_ 그 약속이 지켜지지 않았을 때 나의 기분은 :

_ 더 진실하게 말하거나 행동할 수 있었던 때가 있었는가? 어떤 상황이었는가?

작은 친절 베풀기

《성공하는 10대》193~195페이지에 나오는 이야기를 읽고 다음 문장을 완성하라.

_ 리의 작은 친절은 관계감정은행계좌에 큰 예입이 되었다. 내가 다른 사람에게 베풀 수 있는 작은 친절은 :

_ 누군가가 내게 작은 친절을 베풀었을 때는 : (친절행위와 그 행위로부터 느낀 기분을 설명하라.)

_ 관계를 개선하고 싶은 사람은?

_ 내가 그 사람에게 베풀 수 있는 작은 친절은 :

몇 분 동안 백지에, 오늘 자신이 만나는 모든 사람에게 베풀 수 있는 작은 친절행위를 모두 적어라.

신의 지키기

관계감정은행계좌에서 신의를 지키는 것은 좋은 관계를 유지하는 데 필수적이다. 누군가의 개인 신상에 대해 듣고 비밀스러운 약속을 어기는 것은 그의 평판에 큰 타격을 입힐 수 있다. 누가 비밀을 지켜달라고 요청했을 때는 반드시 지켜줘라. 누가 자신이 알고 있는 사람에 대해 험담할 때는 정중하게 그 상황을 피하거나 벗어나라.

나는 어느 정도 신의가 있는 사람인가?

자신을 가장 잘 설명한 답에 동그라미 쳐라.

1. 친구들이 내가 아는 사람에 대해 험담할 때 어떻게 생각하는가?

   a. '이 이야기가 사실이라는 것을 어떻게 알지? 그에 대한 의혹을 좋은 쪽으로 해석하고, 대화를 마쳐야겠군.'
   b. '듣기 거북한 말이군. 나는 그 사람을 정말 좋아하고 그에 대한 신의를 지키고 싶다. 내 생각을 솔직하게 이야기해야 할 것 같은데….'
   c. "이 이야기가 사실인지는 모르겠지만, 지금은 친구들과 어울리는 이 자리가 즐겁다. 나도 이 이야기에 살을 붙여야겠어."

2. 나는 친구들과 인스타그램에서 누군가의 촌스러운 사진들을 흉보고 있다. 우리 반 친구 하나가 이것을 알고 우리가 흉보고 있는 그 친구를 변호할 때 나는 어떻게 생각하는가?

   a. '심각하게 받아들이지 마. 사람들이 다 이야기하고 있어!'
   b. '솔직하게 이야기할 수 있는 이 친구가 존경스럽군. 나도 이제 사람들에 대한 험담은 그만해야겠는데.'
   c. '이 친구, 자기가 관심의 대상이 되지 못한 것을 질투하고 있군.'

3. 나는 페이스북과 트위터와 같은 소셜 미디어를 통해 누군가를 흉보는 것이…

   a. 해가 되지 않고 재미있다고 생각한다. 친구들과 시간을 보내는 한 방법이다.
   b. 없는 사람에게는 부당한 일이라고 생각한다. 나는 다른 사람이 나에 대해 수군거리는 것을 원치 않는다.
   c. 집단 따돌림에 대한 나의 불안감을 덮어주는 방법이라고 생각한다.

4. 누군가 내게 어떤 이야기를 하면서 "너만 알고 있어"라고 부탁할 때 나는…

   a. 그의 부탁을 받아들여 아무에게도 이야기하지 않는다.
   b. 그가 정말로 비밀로 하고 싶다면 나를 비롯하여 그 누구에게도 말을 하지 않았을 것

이라고 생각한다.

c. 가장 친한 친구에게만 말한다. 나 역시 말하면서 비밀을 지켜달라고 당부한다.

5. 나는 험담과 소문 얘기가 다음과 같은 결과를 가져올 것이라고 생각한다.

a. 불신을 가져온다. 자리에 없는 친구를 존중해 주지 않는다면 어떻게 내가 좋은 친구가 될 수 있겠는가? 친구들이 다른 사람에 대한 소문을 이야기하면, 내가 없을 때는 나에 대한 소문을 퍼뜨릴 것이라고 생각한다.

b. 비밀을 얘기할 수 없다. 나는 내 개인 신상문제와 관련하여, 친구들과 더 이상 상의할 수 없을 것 같다. 그들이 비밀을 지키지 못하기 때문이다.

c. 재미있을 것이다. 모두가 소문에 불과하다고 생각하는데 누가 심각하게 받아들이겠는가?

"군자는 생각을 이야기하고, 소인은 사람을 이야기한다"는 말을 들어보았는가? 자신이 위의 질문에 대해 어떤 답을 했는지 보라. 험담과 소문에 대해 당신은 어떤 입장인가? 개선의 여지가 있다고 생각하는가? 때로는 다른 사람들에 대한 이야기가 가장 쉬운 대화의 주제가 되기도 한다. 하지만 그것은 사실이 아닐 수도 있다. 공동의 관심사를 생각해 내어 대화를 하라! 누구를 흉보는 것보다는 훨씬 더 가치 있고, 다른 사람에게 상처 주는 것을 걱정하지 않고 편안하게 대화할 수 있을 것이다.

경청하라

경청은 다른 사람의 관계감정은행 계좌에 발생할 수 있는 가장 큰 예입 가운데 하나이다. 사람들의 말에 귀를 기울이는 것은 그에게 관심을 가지고 있다는 것을 보여준다. 사람들의 말을

> 진짜로 경청하는 사람은 동시에 다른 일을 할 수 없을 것이다.
> _M. 스콧 펙Scott Peck 박사

경청하고 그들에게 관심을 보이면 지속적으로 우정을 쌓을 수 있다.

듣는 자세 평가하기

《성공하는 10대》199페이지 "경청하라"를 읽어라.

_ 나는 다른 사람과 대화할 때 그가 열심히 듣고 이런 행동을 보여주는 것을 좋아한다.

_ 내가 이야기할 때 상대방이 집중하지도 않고 나의 말을 듣지 않고 있음을 알 수 있는 것들은 : (그의 행동을 설명하라.)

_ 내가 상대방의 이야기를 경청하고 있음을 보여주는 것들은 : (자신의 행동을 설명하라.)

_ 나는 열심히 듣는 것이 관계감정은행계좌에 긍정적 혹은 부정적 영향을 미칠 수 있다고 생각한다. 그런가, 아닌가?

_ 나와 다른 사람의 관계감정은행계좌가 영향을 받을 수 있는 때는 : (그 상황을 설명하라.)

미안하다고 말하라

자신이 잘못했을 때 미안하다고 말하면 많이 인출된 관계감정은행계좌를 신속하게 회복할 수 있다. 과잉반응을 보이거나 큰 소리를 내거나 어리석은 실수를 했을 때, 시치미를 떼고 모른 척한다고 실수한 것이 없어지지 않는다! 가장 좋은 방법은 사과하는 것이다. 사람은 누구나 실수를 한다. 우리에게 완벽을 기대하는 사람은 아무도 없다. 자존심이 방해가 되지 않도록 하라. 사과하는 것은 생각만큼 어렵지 않다. 잘못을 인정하면 상대방의 마음을 누그러뜨리게 되고 부정적인 상황을 긍정적인 상황으로 전환시킬 수 있다. 당신도 해보라. 다음에 잘못을 하게 되면 사과하라. 놀라운 결과를 얻을 것이다.

사과하기 연습

《성공하는 10대》199~200페이지 "미안하다고 말하라"를 읽어라.

_ 내가 무언가에 대해 사과한 때는 : (그 상황을 설명하라.)

_ 사과한 후의 기분은 : (자신의 느낌을 설명하라.)

_ 다른 사람이 내게 무언가에 대해 사과한 때는 : (그 상황을 설명하라.)

> 적절한 사과는 상처를 아물게 하는 항생제와 같고, 부적절한 사과는 상처를 덧나게 하는 소금과 같다.
> _랜디 포시

_ 사과를 받은 후의 기분은 : (자신의 느낌을 설명하라.)

_ 나에게는 미안하다고 말하는 것이 어렵다. 그런가, 아닌가?

_ 만일 그렇다면, 사과하는 것이 어려운 이유는 :

_ 만일 아니라면, 사과하는 것이 쉬운 이유는 :

기대하는 것을 분명하게 하라

우리는 기대하는 것을 분명하게 했을 때, 막연한 메시지가 전달되거나 메시지가 잘못 전달되는 것을 막을 수 있다. 예를 들어 새로 사귄 사람과 데이트를 할 때 자신이 다른 사람과의 데이트를 여전히 원하고 있다는 것을 분명하게 알려줘라. 새로운 아르바이트 자리를 얻었을 때 상사에게 밤 늦게까지 일하기를 원하지 않는다는 점을 분명하게 말해줘라. 새로운 상황이나 관계가 시작될 때 모든 사람이 알 수 있도록 자신의 뜻을 분명하게 밝혀야 한다. 사실 그대로를 이야기하고 앞으로의 기대사항을 분명하게 했을 때 다른 사람과의 신뢰를 구축할 수 있을 것이다.

분명하지 못한 기대

《성공하는 10대》201~202페이지 "기대하는 것을 분명하게 하라"를 읽어라.

_ 내가 기대사항을 분명하게 하지 못한 때는 : (그 사건을 설명하라.)

_ 그 결과는 :

걸음마

자신이 할 수 있는 걸음마 행동 1, 2가지를 선택하라. 다른 사람에게 그 경험을 이야기하든지 그 경험과 배운 점을 여기에 적어라.

약속을 지켜라

1. 저녁에 외출할 일이 있을 때는 몇 시까지 돌아오겠다고 부모님께 말씀드리고 꼭 지키도록 하라. 보너스로 언제 귀가할지 문자로 보내라.

2. 오늘 하루, 약속을 하기 전에 먼저 그 약속을 지킬 수 있을지 생각해 보라. 지키지 못하겠으면 "메모를 메일로 보낼게" "오늘 수영장 가자"고 말하지 말라.

작은 친절을 베풀어라

3. 이번 주에 결식아동에게 샌드위치를 사줘라.

4. 오래전부터 고마움을 표시하고 싶었던 사람에게 감사의 편지를 써라.

내가 감사를 표해야 할 사람 : _____

_____

_____

신의를 지켜라

5. 사람들이 언제 어디서 남을 흉볼 때 피하기가 어려웠는지 생각해 보라. 특정한 친구와 함께 있을 때? 탈의실에서? 소셜 미디어에서? 그것을 피할 수 있는 행동계획을 세워라.

6. 다른 사람에 대해 좋은 생각만 하면서 한 주를 보내려고 노력하라.

경청하라

7. 하루쯤 말을 조금만 하고 남의 이야기를 열심히 들어라.

8. 엄마, 큰형, 할아버지 등 가족들 중 평소에 이야기를 잘 안 들어줬던 사람을 생각해 보라. 시간을 내서 그 사람의 이야기를 들어보라.

미안하다고 말하라

⑨ 잠자리에 들기 전에 오늘 상처를 주었던 사람에게 사과의 메시지를 써라.

⑩ 나와 다른 사람이 서로 다른 기대를 하고 있었던 경우를 생각해 보고, 어떻게 같은 기대를 가질 수 있을지 생각해 보라.

그들의 기대 : _____

_____

_____

_____

나의 기대 : _____

_____

_____

_____

걸음마 - 학습일지

_ 나는 어떤 걸음마를 시도했고, 무엇을 배웠는가?

습관 4

승-승을 생각하라

**삶이란 모두가 배불리
먹을 수 있는 뷔페와 같다**

서로의 삶을 수월하게 해주기 위해 살지 않는다면, 무슨 보람으로 사는가?

_조지 엘리엇George Eliot

승-패: 인간 사다리

승-패적 태도는 성공의 파이는 크기가 정해져 있어, 내가 많이 먹으면 다른 사람은 적게 먹게 된다고 믿는 삶의 태도이다. 승-패적 태도는 초경쟁적 태도로서, 사람들과의 관계·우정·신의보다는 게임에서 이기고, 최고가 되고, 자기 마음대로 하는 것을 중요하게 생각한다. 그러나 결국 승-패적 태도는 실패한다. 인간 사다리 끝까지 올라갈 수는 있겠지만 친구도 없고 지원해줄 시스템도 없을 것이다. 꼭대기는 외로울 수 있다.

승-패적 태도를 갖고 있는 사람들은 이렇게 행동한다.

- 자신의 이익을 위해, 감정적으로 혹은 물질적으로 다른 사람을 이용한다.
- 다른 사람을 희생시켜 앞서려고 한다.
- 다른 사람에 대한 나쁜 소문을 퍼뜨린다.
- 다른 사람의 감정은 생각하지 않고 자기 하고 싶은 대로만 한다.
- 다른 사람에게 좋은 일이 생기면 시기하고 질투한다.

• 자신에게 이익이 되지 않으면 친구들이나 팀원들을 지원해주지 않는다.

_ 내가 승–패적 태도를 가졌던 때는 : (그 상황을 설명하라.)

_ 그때 나의 기분은 :

승–승적 태도로 전환하기

《성공하는 10대》208~211페이지 "승–패 : 인간 사다리"를 읽어라.

_ 생활 속에서 혹은 TV나 영화, 책, 신문기사 중에서 승–패의 예를 보여주는 상황을 적어라.

_ 사람들은 승–패적 태도를 어떻게 승–승적 태도로 전환할 수 있겠는가?

_ 서로 승–승적 태도를 갖고 있었다면 상황은 어떻게 달라질 수 있겠는가?

왜 이러냐고
묻지 마세요.

신발 털개

패-승 : 신발 털개

현관 앞 신발 털개의 용도를 아는가? 그것은 오직 발에 묻은 흙을 터는 데만 사용된다. 그 유일한 목적은 다른 사람에게 이익을 주는 것이다. 사람들에게 밟히는 것 이외에는 다른 용도가 없다.

패-승적 태도는 기본적으로 다른 사람의 신발 털개가 되는 것이다. 패-승적 사고를 갖고 있으면 다른 사람과의 관계에서 기대하는 것이 없거나 적으며, 자신의 기준을 자꾸 낮춘다. 재미있지 않은가?

물론 져줄 때가 있다. 만일 지는 것이 자신에게 중요하지 않다면 져주는 것도 괜찮다. 다만 자신의 신념과 가장 소중한 것은 반드시 지켜야 한다.

패-승적 태도를 가진 사람들은 이렇게 행동한다.

• 다른 사람에게 기대하는 것을 적게 정한다.

• 자기존중의식이 낮고 스스로를 가치 있고 좋은 사람이라고 생각하지 않는다.

• 자신의 기준을 자꾸 낮춘다.

• 동료압력에 굴복한다.

• '평화중재인'임을 내세워 다른 사람이 자신을 짓밟게 내버려둔다.

__ 내가 패-승적 태도를 가졌던 때는 : (그 상황을 설명하라.)

__ 그때 나의 기분은 :

승-승적 태도로 전환하기

《성공하는 10대》 211~213페이지 "패-승 : 신발 털개"를 읽어라.

_ 나는 그 상황을 다음과 같은 승-승적 상황으로 바꿀 수 있었을 것이다 :
(어떤 행동을 취할 수 있었는지 설명하라.)

패-패 : 끝없는 추락

복수는 달콤하다. 누군가 나에게 상처를 입혔을 때, 나도 당연히 그에게 상처를 입히고 싶어 한다. 용서하기보다는 복수하는 편이 훨씬 쉽다. 우리는 복수하면 이겼다고 생각할지 모르지만, 실제로는 자기 자신에게 상처를 입히는 것이다.

패-패적 태도는 복수하려는 마음가짐이다. 어떠한 희생을 치르더라도 이기고, 다른 사람을 파멸시키는 데 집착한다. 패-패는 눈에는 눈과 같은 태도이다. 속된 말로 "너 죽고 나 죽자"는 식이다.

패-패적 태도는 승자가 되는 태도가 아니라 패자가 되는 태도이다. 어느 쪽을 선택하겠는가?

패-패적 태도를 가진 사람들은 다음과 같이 행동한다.

- 복수하려 한다.
- 어떠한 희생을 치르더라도 이기려고 한다.
- 다른 사람을 파멸시키는 데 집착한다.
- 동반 의존적이며, 감정적으로 해를 입히는 관계를 갖는다.

_ 내가 패-패적 태도를 가졌던 때는 : (그 상황을 설명하라.)

_ 그때 나의 기분은 :

TV에서 패-패적 태도 찾기

《성공하는 10대》213~214페이지 "패-패 : 끝없는 추락"을 읽어라.
좋아하는 영화나 드라마를 보고 다음 질문에 답하라.

_ 영화나 드라마에서 패-패적 태도를 잘 보여주는 장면을 찾아라.

_ 패-패적 사고는 다른 등장인물 혹은 상황에 어떤 영향을 미쳤는가?

_ 패-패적 사고가 승-승적 사고로 전환되었는가? 왜 전환되었는가? 왜 전환
되지 않았는가?

_ 어떻게 전환되었는가, 전환되지 않았는가?

_ 패-패적 사고의 예를 하나 골라 그것을 어떻게 승-승적 사고로 전환시킬
수 있는지 설명하라. (만일 그 예가 영화나 드라마에서 승-승적 사고로 전환되었다
면, 다른 승-승적 대안을 생각해 보라.)

_ 승–승적 사고를 준비함으로써 패–패적 사고를 피하라. 앞으로 며칠 후에 마주칠 수 있는, 승–승적 사고가 필요한 구체적인 상황은 :

_ 승–승적 사고를 준비할 수 있는 방법은 :

승–승 : 모두가 배불리 먹을 수 있는 뷔페

승–승적 사고는 나도 이길 수 있고, 너도 이길 수 있다는 마음가짐이다. 나만을 위한 것도, 너만을 위한 것도 아니라 우리 모두를 위한 것이다. 승–승적 태도는 다른 사람의 성공을 도와줌으로써 모두가 성공하게 되는 기초가 된다.

승–승적 태도를 가진 사람들은 다음과 같이 행동한다.

• 다른 사람의 성공을 기뻐한다.

• 다른 사람의 성공을 도와준다.

• '풍요'를 생각한다.

• 인정을 받으면 그것을 다른 사람과 나눈다.

• 주위에 똑똑하고 뛰어난 사람들이 있어도 위협을 느끼지 않는다.

• 삶을 모든 사람이 배불리 먹을 수 있는 뷔페로 본다.

모든 사람이 배불리 먹을 수 있는 뷔페

_ 내가 승-승적 태도를 가졌던 때는 : (그 상황을 설명하라.)

_ 그때 나의 기분은 :

승-승적 사고 적용하기

《성공하는 10대》214~217페이지 "승-승 : 모두가 배불리 먹을 수 있는 뷔페!"를 읽어라.

_ 내가 승-승을 생각하기가 가장 어려울 때는 :

_ 내가 승-승을 생각하기가 가장 쉬울 때는 :

_ 내가 승-승적 사고를 실천할 때 얻을 수 있는 이익은 :

_ 나의 대인관계에서 승-승적 사고를 적용할 수 있는 5가지 방법

1. _____
2. _____
3. _____
4. _____
5. _____

먼저 개인의 승리를 거두어라

경쟁은 삶의 한 부분이다. 고등학교에서 경쟁은 생활이다. 운동경기, 토론, 반장선거 등 모든 것이 경쟁이다. 경쟁은 단체행사에만 국한되지 않는다. 학생들은 성적을 올리기 위해, 혹은 관심을 얻기 위해 끊임없이 경쟁한다. 자신과 경쟁하고 자신에게 도전하고 최고의 능력을 발휘하려고 노력할 때 경쟁은 건강한 것이며, 승-승적 태도는 강화된다.

아버지,
이제 승-승 해법을
찾아보죠.

습관4

그렇다면, 한 팀 혹은 한 사람만 이길 수 있는 상황에서는 어떻게 승-승을 생각할 수 있는가? 우리는 먼저 개인의 승리를 거두어야 한다.

개인의 승리는 자기 지배와 자기 수련에 대한 것이다. 그것은 자신의 능력을 최대한으로 발휘하고 실패로부터 학습하는 것이다. 승리를 통해 자기 가치를 확인하려고 할 때, 혹은 경쟁을 다른 사람 위에 올라서는 수단으로 사용할 때, 경쟁은 어두운 승-패의 나락 속으로 빠져든다.

모든 경쟁에서 이길 수는 없겠지만, 우리가 손해를 보았음에도 불구하고 개인의 승리를 거둘 수 있다면, 우리는 승리한 것이다.

스타일 경쟁

《성공하는 10대》217~218페이지 "먼저 개인의 승리를 거두어라"를 읽어라.

_ 내가 경쟁하고 있는 것들은 :

_ 나에게 경쟁이 아주 추하게 될 때는 :

앞에 기록한 경쟁적 상황 가운데 2개를 선택하여 다음 표에 적어라. 자신의 승패에 관계없이 각 상황에서 어떻게 개인의 승리를 거둘 수 있는지 적어라.

경쟁	개인의 승리
1.	
2.	

쌍둥이 종기가 번지지 않게 하라

우리는 쌍둥이 종기가 번지지 않게 해야 한다. 경쟁과 비교는 종기처럼 안으로부터 우리를 서서히 썩게 만드는 습관이다. 실제로 경쟁하고 비교하는 마음으로는 승-승을 생각할 수 없다.

때로는 경쟁이 지극히 건강한 것일 수도 있다. 경쟁은 우리를 발전시키고 야망을 갖고 스스로 능력을 펼치도록 만든다. 자신의 능력이 어느 정도인지 알 수 있게 해준다. 하지만 승리를 통해 자기 가치를 확인하려고 할 때, 혹은 경쟁을 다른 사람들 위에 올라서는 수단으로 사용할 때, 경쟁은 추해진다.

자신을 다른 사람과 비교해서 이익이 되는 경우는 거의 없다. 우리는 사회적, 정신적, 신체적 성장시간표가 제각기 다르다. 자신의 삶을 다른 사람의 삶과 비교, 평가하는 것은 결코 좋은 생각이 못 된다.

건강한 경쟁의 유지

《성공하는 10대》218~223페이지 "쌍둥이 종기가 번지지 않게 하라"를 읽어라.

자신의 일상적인 활동을 잘 살펴보고 자신이 얼마나 비교와 경쟁의 관점에서 생각하는지 평가하라. 자신에게 다음과 같이 질문하고 정직하게 대답하라. 자신에게 맞는 답에 동그라미 쳐라.

---

1. 다른 사람이 시험에서 나보다 더 좋은 점수를 얻으면, 나는 다음과 같이 생각한다.

   a. '저 친구 참 훌륭하다! 틀림없이 공부를 많이 했을 거야.'
   b. '저 친구 좋은 점수를 얻는 것이 당연하다. 공부 외에는 하는 것이 없으니까.'
   c. '나는 그렇게 좋은 점수를 받을 수 없을 것이다. 나는 머리가 그렇게 좋지 못해.'

2. 유명인들의 뉴스 블로그를 읽고 다음과 같이 생각한다.

   a. '와! 아름다워지기 위해 정말 열심히 노력하는군. 훌륭하다.'
   b. '트레이너, 요리사, 성형외과의사, 운동장비에 돈을 써서 그렇게 된 것일 뿐이다.'
   c. '내가 돈이 아무리 많아도 그런 몸매를 갖진 못할 것이다. 나는 원래 못생겼어.'

3. 집 근처 농구장에서 주변 대학 농구선수들이 장난으로 연습하는 것을 보고 다음과 같이 생각한다.

   a. '나도 끼워주면 새로운 기술을 배울 수 있을 것 같은데.'
   b. '쟤들은 일류선수들이 아냐. 우리 대학팀이라면 쟤들을 눈감고도 이길 수 있을 거야.'
   c. '쟤들은 나를 끼워주지 않을 거야. 그들은 너무 잘하고, 나는 너무 못하니까.'

만일 이 질문들에 대해 "A"라고 답했다면, 당신은 쌍둥이 종기인 비교와 경쟁을 잘 피했다.

만일 이 질문들에 대해 "B"라고 답했다면, 건강하지 못한 경쟁적 태도를 조심하라. 당신은 너무 승-패적으로, 혹은 패-승적으로 생각하고 있다.

만일 이 질문들에 대해 "C"라고 답했다면, 당신은 자신을 다른 사람과 비교하는 데 너무 많은 시간을 쓰고 있다. 너무 자주 자신을 패-패적 상황으로 몰아가는 것이다.

승-승 정신의 열매

우리는 승-승을 생각하고 있다는 것을 어떻게 아는가? "승-승을 생각하라"고 하는 습관 4는 승-패적 태도나 패-승적 태도가 우리의 판단을 흐리게 하고 부정적 사고에 젖게 만들 수 있다는 것을 말해준다. 승-승적 태도는 긍정적이고 평온한 사고를 갖게 하며, 자신감을 준다.

승-승 시도하기

《성공하는 10대》 223~227페이지 "승-승 정신의 열매"를 읽어라.

우리는 흔히 부모님과 감정적 줄다리기를 하거나, 서로 정반대의 관점을 가진 상황에서 형제나 친구와 갈등을 겪는다. 그것은 지극히 정상적인 일이다. 이 상황에서는 이렇게 질문하라. "어떻게 하면 모두에게 이익이 될 수 있을까? 나는 승-승을 원하는데, 당신은 어떤가?"

_ 부모님이 놀랄 것이라고 생각하는가? 부모님이 어떻게 반응하리라고 생각하는가?

_ 친구나 형제들은 어떻게 생각하겠는가? 무엇을 말하겠는가?

_ 그들은 처음부터 당신을 불신하겠는가? 왜 불신하겠는가? 왜 불신하지 않겠는가?

_ 그들의 얼굴표정을 그리거나, 그 사건이나 결과에 관한 시나리오를 창의적으로 써보라.

《성공하는 10대》225~227페이지 자크 뤼세랑Jacques Lusseyran에 대한 글을 읽어라. 다음에 가족이나 친구들과 대화할 기회가 있을 때 스스로 승-승을 생각하고 있다고 느끼는지 시험해 보라.

걸음마

자신이 할 수 있는 걸음마 행동 1, 2가지를 선택하라. 다른 사람에게 그 경험을 이야기하든지 그 경험과 배운 점을 여기에 적어라.

① 자신의 삶 속에서 남들과 비교가 돼서 신경 쓰이는 부분이 무엇인지 생각해 보라. 옷, 외모, 친구, 재능 등을 생각할 수 있을 것이다.

남들과 비교가 돼서 신경 쓰이는 부분 : _____

_____

_____

_____

② 운동이나 게임을 할 때 스포츠맨십을 발휘하라. 시합이 끝나면 상대 팀의 선수를 칭찬해 줘라.

③ 누군가 논을 빌려갔다면, 주저없이 달라고 하라. "지난주에 10달러 빌려간 거 기억하지? 내가 이번 주에 그 돈을 써야 할 것 같은데." 패-승이 아닌, 승-승을 생각하라.

④ 게임을 할 때는 승부에 집착하지 말고 게임 그 자체를 즐겨라.

⑤ 중요한 시험이 있다면, 스터디그룹을 만들어서 각자 알고 있는 것을 나누도록 하라. 성적이 모두 올라갈 것이다.

⑥ 자신과 가까운 사람이 성공하면, 당신에게 그런 일이 일어나지 않는다고 질투하지 말고 진심으로 기뻐하라.

⑦ 자신의 전체적인 삶의 태도를 생각해 보라. 승-패, 패-승, 패-패, 승-승 중 어느 쪽인가? 그런 삶의 태도는 자신에게 어떤 영향을 미치고 있는가?

걸 음 마

⑧ 주변에서 승-승적 태도를 잘 보여주는 사람을 생각해 보라. 그의 어떤 점이 존경스러운가?

승-승적 태도의 본보기가 되는 사람 : _____

_____

_____

_____

그의 존경할 만한 점 : _____

_____

_____

_____

⑨ 이성관계에서 패-승적 관계를 맺고 있는가? 그렇다면 자신에게도 이익이 되는 관계가 되려면 무엇을 해야 하는지 생각해 보라. 그런 방법이 없다면 관계를 정리하도록 하라.

걸음마 - 학습일지

_ 나는 어떤 걸음마를 시도했고, 무엇을 배웠는가?

습관 **5**

먼저 이해하고
다음에 이해시켜라

우리는 귀가 둘이고, 입이 하나다

인간의 가장 근원적인 욕구는 다른 사람들에게 이해받는 것이다.

_스티븐 코비 Stephen R. Covey

인간의 가장 근원적인 욕구

병원에 갔는데 의사가 진찰도 하지 않고 약을 처방한다면 어떻게 하겠는가? 그 약이 당신을 치료해 줄 것이라고 믿을 수 있겠는가? 의사를 믿고 그의 지시를 따르겠는가?

"먼저 이해하고 다음에 이해시켜라"라고 하는 '습관5'는 처방하기 전에 진찰하는 것과 판단하기 전에 자신이 알고 있는 사실부터 바로잡는 것의 중요성을 강조한다. 대화를 나눌 때 먼저 듣고, 그 다음에 말하라는 것이다.

이 습관은 서로의 의사소통력을 높여준다. 인간의 가장 근원적인 욕구는 다른 사람들에게 이해받는 것이기 때문이다. 사람은 누구나 존중되고, 한 인간으로서 가치를 인정받고 싶어 한다. "사람들은 당신의 관심을 확인하기 전에는 자기를 알아준다고 생각하지 않는다"는 격언을 생각하라. 상대방이 진짜로 우리의 말을 들어주지 않으면 어떤 생각이 들겠는가? 아마 관심이 없다고 생각할 것이다.

나의 생각은?

《성공하는 10대》 232~235페이지 "인간의 가장 근원적인 욕구"를 읽도록 하라.

_ 부모님이 나에 대해 알고 있으면 좋겠다고 생각하는 것 2, 3가지 :

1. _____
2. _____
3. _____

_ 선생님이 나에 대해 알고 있으면 좋겠다고 생각하는 것 2, 3가지 :

1. _____
2. _____
3. _____

_ 친구들이 나에 대해 알고 있으면 좋겠다고 생각하는 것 2, 3가지 :

1. _____
2. _____
3. _____

_ 형제자매들이 나에 대해 알고 있으면 좋겠다고 생각하는 것 2, 3가지 :

1. _____
2. _____
3. _____

_ 내가 알고 있는 사람으로서 어떤 문제와 씨름하고 있는 사람은 :

_ 내가 곁에서 어떻게 하면 그가 편안하고, 한편이라고 느끼고, 이해받고 있다고 생각할 수 있겠는가?

잘못된 버릇 5가지

우리가 주의 깊게 경청하지 않는다면, 상대방의 말을 이해할 수 없다. 놀랍게도 우리는 대부분 경청하는 방법을 알지 못한다. 우리는 다음에 할 말을 준비하거나, 판단하거나, 상대방의 말을 들으면서 그들이 정말 진심으로 그런 말을 하는 것인지 궁금해 한다. 어떤 때는 상대방의 말을 나의 패러다임에 맞추기도 한다. 우리는 듣는 태도와 관련하여 일반적으로 5가지 나쁜 버릇을 가지고 있다.

1. 멍하니 있는다 : 상대방이 이야기를 하고 있는데, 마음은 딴 곳에 가 있어서 그의 말은 무시된다.

_ 내가 말하고 있는데 상대방이 멍하니 있었던 때는 :

_ 그때 나의 기분은 :

_ 나도 종종 다른 사람이 이야기할 때 그렇게 한다. 그런가, 아닌가?

_ 그렇다면, 언제 그리고 왜 그런가? 상대방은 누구인가?

2. 듣는 척한다 : 상대방의 말에 실제로 주의를 기울이지 않고 듣는 척한다. 상대방이 반응을 원한다고 생각할 때는 "음 그렇지" "맞아"라고 말한다.

_ 내가 말하고 있는데 상대방이 듣는 척했던 때는 :

_ 그때 나의 기분은 :

_ 나도 종종 다른 사람이 이야기할 때 그렇게 한다. 그런가, 아닌가?

_ 그렇다면, 언제 그리고 왜 그런가? 상대방은 누구인가?

습관5

3. 골라서 듣는다 : 관심이 있거나 자신과 관련된 부분만 주의를 기울여서 듣는다. 특정 단어에 관심을 집중하고, 상대방이 말하려는 것을 듣기보다는 자신의 말을 계속한다.

_ 내가 말하고 있는데 상대방이 골라서 들었던 때는 :

_ 그렇다면, 언제 그리고 왜 그런가? 상대방은 누구인가?

2. 듣는 척한다 : 상대방의 말에 실제로 주의를 기울이지 않고 듣는 척한다. 상대방이 반응을 원한다고 생각할 때는 "음 그렇지" "맞아"라고 말한다.

_ 내가 말하고 있는데 상대방이 듣는 척했던 때는 :

_ 그때 나의 기분은 :

_ 나도 종종 다른 사람이 이야기할 때 그렇게 한다. 그런가, 아닌가?

_ 그렇다면, 언제 그리고 왜 그런가? 상대방은 누구인가?

습관5

3. 골라서 듣는다 : 관심이 있거나 자신과 관련된 부분만 주의를 기울여서 듣는다. 특정 단어에 관심을 집중하고, 상대방이 말하려는 것을 듣기보다는 자신의 말을 계속한다.

_ 내가 말하고 있는데 상대방이 골라서 들었던 때는 :

_ 그때 나의 기분은 :

_ 나도 종종 다른 사람이 이야기할 때 그렇게 한다. 그런가, 아닌가?

_ 그렇다면, 언제 그리고 왜 그런가? 상대방은 누구인가?

4. 단어만 듣는다 : 단어만 주의를 기울여서 듣고 목소리, 감정, 보디랭귀지는 무시하기 때문에 포인트를 놓친다. 단어에만 집중하여 상대방 마음속의 감정은 읽지 못한다. 그래서 의미 있는 대화를 나누려면 인터넷 채팅이나 문자 메시지를 통하지 말고 직접 해야 한다.

_ 내가 말하고 있는데 상대방이 단어만 들었던 때는 :

_ 그때 나의 기분은 :

_ 나도 종종 다른 사람이 이야기할 때 그렇게 한다. 그런가, 아닌가?

_ 그렇다면, 언제 그런가? 상대방은 누구인가?

5. 자기 중심적으로 듣는다 : 모든 것을 자신의 관점에서 듣는다. "음, 무슨 뜻인지 알겠어" "어떤 기분인지 알겠어"라고 말하지만, 실제로는 상대방이 어떤 기분인지 정확히 알지 못한다. 어떤 사람들은 상대방의 말을 듣기보다는 자신을 내세우려 한다. 그들은 이렇게 말하기도 한다. "재수없는 날이라고? 내가 겪은 일에 비하면 아무것도 아냐."

_ 내가 말하고 있는데 상대방이 자기 중심적으로 들었던 때는 :

_ 그때 나의 기분은 :

_ 나도 종종 다른 사람이 이야기할 때 그렇게 한다. 그런가, 아닌가?

_ 그렇다면, 언제 그리고 왜 그런가? 상대방은 누구인가?

쇼핑몰이나 카페, 학교 등 사람이 붐비는 곳으로 가서, 20분 동안 사람들이 서로 어떻게 대화하는지 관찰하고 그 내용을 적어라.

관찰 1   장소 :
_____

관찰사항 :
_____

_____

_____
사람들은 잘 듣고 있었는가?　예　　아니오

관찰 2　　　　　　　　장소 : _____
　　　　　　　　　　　　관찰사항 : _____
_____
_____
_____
사람들은 잘 듣고 있었는가?　예　　아니오

제대로 듣기

당신은 이 5가지 나쁜 버릇 가운데 하나를 갖고 있는가? 당신은 얼마나 자주 상대방이 말하려고 하는 것까지 듣는가? 제대로 듣기 위해서는 다음과 같은 3가지 기술이 필요하다.

- 눈과 마음과 귀로 듣기.
- 상대방의 입장이 되어 바라보기.
- 내용을 재정리해 주기.(상대방의 감정을 반영하여 나의 언어로 표현한다.)

이 기법들은 중요하거나 민감한 문제에 대해 대화를 나눌 때 사용하도록 하라. 만일 일상적인 대화에 이 기법들을 사용한다면 당신이 냉소적이거나 불성실한 행동을 하는 것으로 오해할 수도 있다.

제대로 듣는 것인지 건성으로 듣는 것인지 판단하라

1. 《성공하는 10대》 240~248페이지 "제대로 듣기"를 읽어라.
2. 다음 4개의 시나리오를 읽고 질문에 답하라.

시나리오 1

> 셀레나는 침대에 벌렁 누워 천장을 바라봤다. 동생인 마렌이 책을 보면서 물었다. "오늘 힘들었어?"
>
> "그런 것 같아 ⋯." 셀레나는 한마디만 하고 침묵에 빠졌다. 그녀는 한숨만 쉬었다.
>
> 마렌은 잠시 기다리다가 다시 물었다. "무슨 일인지 얘기해 줄래?"
>
> "음, 아니."
>
> "그래, 그럼." 마렌은 다시 책을 들여다본다.
>
> 셀레나는 아무 말 없이 계속 침대에 누워 있다. 이따금 화가 나는 듯 한숨을 내쉬더니 마침내 내뱉듯이 말했다. "사내애들은 다 바보야, 그렇지?"
>
> "응, 그래." 마렌은 책을 덮으면서 대답했다.
>
> "내가 왜 그런 애들한테 신경 쓰고 있는지 모르겠어. 카일이 오늘 내게 뭐라고 얘기했는지 알아?"
>
> "뭐랬는데?" 마렌이 물었다.

_ 이것은 제대로 듣기의 예인가, 건성으로 듣기의 예인가? 왜 그런가?

_ 만일 건성으로 듣기의 예라면 시나리오를 어떻게 바꾸면 제대로 듣기의 예가 될 수 있겠는가?

시나리오 2

킴이 전화를 받았다. "여보세요?"

"안녕, 킴, 너한테 할 말이 있어." 친구 마리아였다.

"무슨 일인데?"

"쇼핑몰에서 우리가 봤던 옷 생각나? 등이 파이고 스파게티처럼 생긴 벨트가 달린 파란 옷 말이야." 마리아가 물었다.

"그런 옷이 있었던 것 같아. 내가 정말 섹시한 핑크색 옷을 입어본 그 가게였지? 그 옷을 샀어야 하는 건데. 내가 그 옷 입은 모습을 마이크가 보면, 완전히 반해버릴 거야. 그 가게에 다시 가려고?"

"음, 지금은 아니지만. 하여튼 그 파란 옷을 며칠 전부터 세일하고 있어."

"오, 세일! 그럼 오늘 거기에 가봐야겠네. 아마 그 핑크색 옷도 세일할 거야."

"나는 오늘 갈 수 없어. 무용수업이 있거든." 마리아가 약을 올리듯 대답했다.

"야, 수업을 빼먹을 수도 있잖아. 그 옷 정말 입고 싶지 않니? 오늘 가자. 네가 그 옷을 놓치게 하고 싶지 않아. 너 그 옷 입으니까 정말 아름답더라."

"그렇게 생각한다니 고맙긴 한데, 엄마가…."

삐이-

"잠깐만 기다려. 전화가 또 왔네."

다시 전화가 연결되었을 때 마리아는 중단되었던 말을 마저 할 수 있었다. "그래서 엄마가 깜짝선물로 그 옷을 사주셨어." 그러고는 전화를 끊었다.

_ 이것은 제대로 듣기의 예인가, 건성으로 듣기의 예인가? 왜 그런가?

_ 만일 건성으로 듣기의 예라면 시나리오를 어떻게 바꾸면 제대로 듣기의 예가
될 수 있겠는가?

시나리오 3

셰인은 복도를 기웃거렸다. 그는 이 학교에 전학 온 지 얼마 안 돼서
다음 수업을 어디서 하는지 몰랐다. 벨이 울렸고, 이제 셰인은 어느 교실
에서 수업을 하건 늦을 수밖에 없었다.

그때 어디서 목소리가 들렸다. "이봐, 교실을 못 찾고 있는 거야, 아니
면 땡땡이치고 있는 거야?"

목소리가 나는 쪽으로 돌아보니 그의 나이 또래의 아이가 있었다.

"교실을 못 찾고 있어. 이 학교는 전에 다니던 학교보다 훨씬 커서 말
야." 셰인이 대답했다.

"학교가 커서 당황스럽다는 말이군."

셰인은 곤혹스러운 듯 그를 바라보고 말했다. "학교가 커서 정말로 길
을 잃었단 말야. 319호실이 어디 있는지 알아?"

"혼란스럽고 외롭다는 말이군."

'이 친구 제정신인가?' 셰인은 생각했다. "혼란스럽게 하는 건 너야.
네 감정 분석이 나를 혼란스럽게 하는 거라고. 319호실에서 영어수업이
있는데 나는 그 교실을 못 찾고 있어. 네가 어디에 있는지 알면 말해줘.
모르면 내가 찾아야 돼."

그 친구는 셰인을 짓궂은 표정으로 바라보며 말했다. "네가 실망하고

있다는 것을 알겠다."

"흥!" 셰인은 탄식을 하고 사라졌다.

_ 이것은 제대로 듣기의 예인가, 건성으로 듣기의 예인가? 왜 그런가?

_ 만일 건성으로 듣기의 예라면 시나리오를 어떻게 바꾸면 제대로 듣기의 예가
될 수 있겠는가?

시나리오 4

타이런은 어린 여동생 라나가 신경 쓰이기 시작했다. 라나는 항상 그
를 귀찮게 따라다녔다. 방과 후 오빠와 오빠 친구들이 집에 오면, 그들과
어울리려고 했다. 라나가 오후 내내 그의 친구들에게 그녀가 자기가 재
미있다고 생각하는 유튜브 동영상을 보여주고 함께 자전거를 타러가자
고 졸라대자, 그는 더 이상 참지 못했다.

"라나, 이제 그만 가줄 수 없겠냐? 내 친구들이 너랑 놀려고 하지 않는
다는 것을 모르니?"

라나가 그를 쳐다보았을 때 그는 그 아이가 상처받았다는 것을 눈을
보고 알 수 있었다. "내가 함께 있는 게 싫어?"

"응, 싫어." 타이런은 짧게 대답하고 고개를 돌렸다.

라나는 떨리는 목소리로 말했다. "미안해. 오빠들이 멋있어서 그런 거
야! 오빠를 괴롭힐 뜻은 없었어."

'내가 냉정하다고?' 타이런은 미안한 마음과 자랑스러운 마음이 교차

됨을 느꼈다. '그래, 그것이 라나가 항상 우리를 쫓아다닌 이유였구나. 내가 친구들과 어울려 다니면 라나를 그만큼 보지 못한다는 것이 그녀는 싫었던 것이 틀림없어.'

"라나, 큰 소리 쳐서 미안하다. 나는 가끔 혼자서 친구들과 어울리는 것이 좋거든. 하지만 이번 주에는 함께 할 일을 찾아보자. 너와 나 둘이서만 말이야."

"정말이야?" 라나가 미소지었다. "그거 좋겠다."

_ 이것은 제대로 듣기의 예인가, 건성으로 듣기의 예인가? 왜 그런가?

_ 만일 건성으로 듣기의 예라면 시나리오를 어떻게 바꾸면 제대로 듣기의 예가 될 수 있겠는가?

제대로 듣기―첫째, 눈과 마음과 귀로 들어라

다른 사람이 말하는 것을 이해하고 싶으면, 그들이 말하지 않는 것도 들어야 한다. 말하지 않는 것을 어떻게 들을 수 있느냐고?

때로는 말보다 몸으로 더 많은 것을 보여줄 수도 있다. 창의적으로 경청하라. 눈과 마음과 귀로 들으려고 해보라. 상대방이 하는 말만 듣지 말고, 당신의 직관을 이용하라. 그들의 보디랭귀지와 제스처를 지켜보고, 말투에 주의하고, 감정을 읽어라.

하지 않는 말 듣기

《성공하는 10대》240~242페이지 "첫째, 눈과 마음, 그리고 귀를 이용해 들어라"를 읽어라.

집에서, 쇼핑몰에서, 학교 복도에서 사람들의 보디랭귀지를 관찰하라. 다양한 형태의 보디랭귀지와 그것이 무엇을 의미하는지를 적어라.

보디랭귀지의 형태	그 의미

제대로 듣기-둘째, 상대방의 입장이 되어 바라보라

다른 사람을 이해하고 싶으면, 그들의 관점에서 사물을 보려고 노력하라. 그들의 입장이 되어 다른 관점에서 사물을 보라.

부모님 진단하기

1. 《성공하는 10대》242~243페이지 "둘째, 상대방의 입장이 되어 바라보라"를 읽어라.

2. 자신이 이웃을 취재하는 뉴스 블로그 기자라고 생각하라.

3. 다음 질문들을 이용하여, 부모님이나 선생님을 인터뷰하라.

인터뷰한 내용을 적어라.

_ 부모님이나 선생님 이름 : _____

1. 돈에 구애받지 않고 원하는 것을 1가지 살 수 있다면 무엇을 사겠습니까?

2. 자신의 고치고 싶은 점은 무엇입니까?

3. 가장 좋아하는 웹 사이트와 앱은 무엇입니까? 왜 그 영화를 좋아하십니까?

4. 가장 소중한 추억은 무엇입니까?

5. 가장 두려운 것은 무엇입니까?

6. 자신을 항상 행복하게 만드는 것은 무엇입니까?

7. 자신이 내린 결정 가운데 결정을 다시 내리고 싶은 것은 무엇입니까?

8. 최근 배꼽이 빠질 정도로 웃은 것은 언제였습니까?

제대로 듣기─셋째, 내용을 재정리해 줘라

자신의 말을 제대로 듣지 않는 사람과 대화한 적이 있는가?

제대로 듣는다는 것은 상대방이 이해받았다고 느낄 수 있도록 대답을 해 주는 것이다. 이러한 대답을 '내용 재정리'라고 한다. 내용 재정리는 상대방이 말한 것을 자신의 언어로 풀어서 정리해 주는 것이다.

이 방법을 사용하더라도 상대방을 진정으로 이해하려고 하지 않으면, 그는 당신의 의도를 알아차리고 조작당하고 있다는 느낌을 가질 것이다. 사실 내용 재정리는 기술이다. 빙산의 일각에 불과하다. 표면에 드러난 부분 밑에는 상대방을 진정으로 이해하려는 태도와 의지가 깔려 있어야 한다.

언제 내용 재정리 기법을 사용해야 하는지 판단하기

《성공하는 10대》 243~246페이지 "셋째, 내용을 재정리해 주자"를 읽어라.

만일 다른 사람이 다음과 같은 표현을 했다면, 당신은 어떤 내용 재정리 표현을 사용하겠는가? 자신의 답을 적어라.

"이것은 지금까지 읽었던 트윗 가운데 최악이야!"

_ 내용 재정리 표현 :

"무슨 일이 있어도 자정까지는 들어와야 한다."

_ 내용 재정리 표현 :

"난 새로 전학 온 여학생을 잘 몰라."

_ 내용 재정리 표현 :

"최근에 부모님 때문에 미치겠어."

_ 내용 재정리 표현 :

"오늘 점심 정말 잘 먹었습니다."

_ 내용 재정리 표현 :

"일하고 싶은 마음이 없어."

_ 내용 재정리 표현 :

부모님과의 의사소통

부모님에게 "엄마는(아빠는) 날 이해 못 해요!"라고 말한
적이 있을 것이다. 그런 말을 하기 전에 자신이 부모님
을 이해하지 못한다고 생각해 본 적이 있는가?

우리는 부모님도 우리처럼 압박을
받고 고민이 많다는 사실을 알아야 한다.
부모님도 기분이 나쁜 날도 있고, 우는
날도 있고, 사람들이 어려움을 주는 날
도 있다. 부모님도 우리처럼 목표를
달성할 수 있을 것인지, 중요한 일들을

해낼 수 있을 것인지 걱정한다.

부모님을 이해하고 부모님의 말에 귀를 기울인다면, 그들을 더욱 존경하게 될 것이다. 그러면 부모님은 당신을 더욱 신뢰하고 당신의 말에 귀를 기울일 것이다.

부모님과 원활하게 의사소통을 하려면 그들의 관계감정은행계좌에 예입이 발생하도록 하라. 우리는 예입을 하여 관계를 향상시킬 수도 있고, 인출을 하여 관계를 악화시킬 수도 있다. 장기간에 걸쳐 꾸준히 예입을 했을 때 부모님과의 관계는 튼튼하고 건강해질 수 있다.

자신이 관계감정은행계좌를 향상시키려고 하는 사람에게 어떤 예입이 일어날 수 있는지 확인하라.

예입과 인출 확인

1. 《성공하는 10대》248~253페이지 "부모님과의 의사소통"을 읽어라.
2. 어제 부모님이나 가족에게 했던 모든 것을 생각해 보라. 부모님이나 가족에게 예입이나 인출이 될 것이라고 생각하는 것들을 적어라.

예입	
부모님	가족

인출	
부모님	가족

이제 이해시켜라

습관5의 앞부분 '먼저 이해하고'에 너무 많은 노력이 필요하다 보니, 많은 사람이 그 뒷부분 '다음에 이해시켜라'에 대해서는 소홀히 하는 경향이 있다. 다른 사람을 이해하려면 배려가 필요하고, 당신은 이해시킬 자격이 있기 때문에 이해시키는 것은 용기를 내서 해볼 만한 가치가 있다. 이 습관의 앞부분만 실천하면 패-승이 된다. 건강하지 못한 관계가 되는 것이다.

감정이 표현되지 않았다고 사라지는 것은 아니다. 그 감정은 잠복해 있다가 나중에 더 강렬한 형태로 나타난다. 정말 두려운 일 아닌가? 당신은 그 외에 무엇이 두려운가?

만일 100명의 사람에게 무엇이 가장 두려운지 물어보면 사람들 앞에서 이야기하는 것이 1위이고 죽음이 2위가 될 것이다. 이것이 믿어지는가? 그들은 사람들 앞에서 말하는 것이 죽음보다 더 어렵다고 말한다. 당신도 그런가?

습관5

피드백 주기

대화를 나누고 있는 사람에게 적절한 지적을 해주는 것은 그를 이해시키는 데 대단히 중요한 부분이다. 만일 지적을 적절하게 할 수 있다면, 자신에게도 상대방에게도 관계감정은행계좌에 예입이 발생할 것이다.

_ 지금 현재 지적을 해야 하지만 그렇게 하기 두려운 상황이 있는가? 어떤 상황인가? 누구와 함께 있을 때의 상황인가? 그들이 피드백에 대해 어떻게 반응할 것이라고 생각하는가?

_ 스스로 두렵지 않고, 상대방에게도 기분 나쁘지 않은 방식으로 지적을 해줄 수 있는 방법 3가지를 생각해 보라.

사람 : _____

    1. _____

    2. _____

    3. _____

다른 사람에게 지적을 해줄 수 있는 이 3가지 방법을 모두 실천하라. 만일 상대가 진지하고 성실한 사람이라면, 한번 해보라!

걸음마

　자신이 할 수 있는 걸음마 행동 1, 2가지를 선택하라. 다른 사람에게 그 경험을 이야기하든지 그 경험과 배운 점을 여기에 적어라.

① 다른 사람들과 이야기할 때, 얼마나 오랫동안 그들의 눈을 바라볼 수 있는지 시험해 보라. 처음에는 너무 강렬하다는 느낌이 들겠지만 그것이 상대방과 의사소통하는 효과적인 방법이다.(특히 당신이 마음을 뺏긴 사람에게는)

② 가끔 사람들을 관찰해 보라. 다른 사람들이 서로 어떻게 의사소통하는지 살펴봐라. 그들의 보디랭귀지가 말하는 것을 관찰하라.

③ 오늘 대화를 할 때 재미 삼아 한 사람에게는 내용 재정리 기법을, 또 한 사람에게는 내용을 반복하는 방법을 사용해 보고(하지만 혹시 모르니 머릿속에서 내용을 반복하는 방법을 사용해 보라.), 그 결과를 비교해 보라.

④ 듣는 자세와 관련하여 나쁜 버릇 5가지는 멍하니 있기, 듣는 척하기, 듣고 싶은 부분만 골라서 듣기, 단어만 듣기, 자기 중심적으로 듣기이다. 이 가운데 자신의 가장 큰 문제가 무엇인지 생각해 보고, 하루 동안 그 버릇이 나오지 않도록 노력하라.

　내게 가장 문제가 되는 나쁜 버릇 : ＿＿＿＿＿＿＿＿＿＿＿

＿＿＿＿＿＿＿＿＿＿＿＿＿＿＿＿＿＿＿＿＿＿＿＿＿＿＿＿＿＿

＿＿＿＿＿＿＿＿＿＿＿＿＿＿＿＿＿＿＿＿＿＿＿＿＿＿＿＿＿＿

⑤ 이번 주 아무 때나 "요즘 어떠세요?"라고 부모님께 여쭈어보라. 마음을 열고 제대로 들으려고 노력하라. 놀라운 사실을 알게 될 것이다.

⑥ 말하기를 좋아하는 사람이라면 하루쯤은 필요한 말만 하고 듣는 것에 집중하라.

⑦ 다음번에는 어떤 감정을 가슴속에 묻어두고 싶어도 용기를 내어 정직하게 그것을 표현하라.

걸음마

8. 자신의 건설적인 지적이 진정으로 누군가에게 도움이 될 수 있는 상황에 대해 생각해 보라. 적절한 시기에 자신의 의견을 이야기해 줘라.

나의 지적으로 도움을 받을 만한 사람 : _____

_____

_____

_ 나는 어떤 걸음마를 시도했고, 무엇을 배웠는가?

시너지를 내라

'더 좋은' 방법

혼자서 낼 수 있는 성과는 작습니다. 함께할 때 우리는 큰일을 할 수 있습니다.

_헬렌 켈러 Helen Keller

시너지는 어디에나 있다

두 사람 이상이 각각 혼자서 일할 때보다 더 좋은 성과를 얻기 위해 협력할 때 시너지가 발생한다. 그것은 나의 방법도, 너의 방법도 아닌 더 좋은 방법이다. 시너지는 결코 새로운 것이 아니다. 시너지는 어디에나 있다.

시너지와 시너지가 아닌 것을 확인해 보자.

시너지	시너지가 아닌 것
약속을 지킨다	약속을 어긴다
서로 다른 것이 기쁘다	차이점을 그냥 참고 견딘다
팀으로 일한다	혼자 일한다
마음이 열려 있다	항상 자기가 옳다고 생각한다
틀 밖의 생각을 한다	틀 안에서 생각한다
제3의 방안을 생각한다	타협한다
브레인스토밍한다	자기 정답만 고집한다

사람들에게서 시너지를 찾아보자. 차를 만드는 데 얼마나 많은 사람이 필요하다고 생각하는가? 차를 혼자서, 기계 한 대로 만들 수 있겠는가? 못 만든다. 차를 설계하고, 생산하고, 판매하려면 창조적 협력이 필요하다. 차이점은 여러 가지 아이디어를 유발하고 함께 혁신적 방안을 만들어 내는 데 도움을 준다.

시너지 관찰하기

《성공하는 10대》257~258페이지 "시너지는 어디에나 있다"를 읽도록 하자.

_ 내 주변에서 시너지를 찾을 수 있는 곳은 : (각 분야별로 시너지의 예를 들어라.)

_ 자연 :

_ 학교 :

_ 가족 :

_ 지역사회나 교회 :

_ 직장 :

차이점을 찬양하기

다양성은 10대들에게 복잡한 문제이다. 나는 10대 시절에 또래 아이들과 같아지려고만 했지 달라지려고 하지는 않았다. 그러나 다양성이 없다면, 인생은 정말 따분할 것이다. 모든 사람이 자신과 똑같이 생각하고, 자

신과 똑같이 생겼고, 자신과 똑같이 행동한다면, 자기 자신에게 싫증이 날 수 있을 것이다.

우리는 다양성 하면 인종문제나 성차별을 떠올린다. 하지만 그게 전부가 아니다. 다양성은 신체적 특징, 옷차림, 언어, 재산, 가족, 종교, 생활습관, 교육, 관심사, 기술, 나이, 스타일, 가치 등의 다름을 의미한다.

우리는 다양성에 대해 3가지 접근방법을 취할 수 있다.

- 단계1 : 다양성을 피한다.
- 단계2 : 다양성을 참고 견딘다.
- 단계3 : 다양성을 찬양한다.

우리는 다양성을 찬양할 때 우리와는 다른 사람들에게서 배울 놀라운 기회가 생기고, 그들에게는 당신에게서 배울 기회를 제공한다. 다양한 사람들과 협력하고 서로 나눌 때 목표에 한 걸음 더 다가설 수 있다.

나는 다양성에 대해 어떤 자세를 취하는가?

《성공하는 10대》258~261페이지 "차이점을 찬양하기"를 읽어라.

_ 다음 각 분야에서 다양성의 찬미자가 되기 위해 내가 할 수 있는 일은 :

_ 인종 :

_ 성 :

_ 종교 :

_ 나이 :

> 나는 아빠에게 내가 다른 사람과
> 똑같이 일을 하지 못한다고
> 불평한 적이 있다. 아빠가 뭐라고
> 조언했는지 아는가?
> "마고, 양이 되어서는 안 된다.
> 사람들은 양을 싫어한단다.
> 그들은 양을 잡아먹거든."
> _마고 카우프만Margo Kaufman

_ 옷차림 :

_ 체형 :

_ 능력/무능력 :

다른 관점을 존중하라

시너지는 사람들이 협력해서 더 많은 것을 얻는 것으로 정의된다. 우리가 차이점을 인정할 때 다른 사람과의 협력이 훨씬 쉬워진다. 모든 사람이 세상을 제각기 다른 방식으로 보고, 바르게 살기 위한 하나의 방식이 없다는 것을 이해했을 때, 우리는 다른 관점을 더욱 존중하게 된다.

나와 너의 성격 진단

아래의 표를 이용하여 자신의 스타일, 성격, 특징을 평가하라. 4개의 성격을 나타낸 각각의 문장에 대해 자신이 어디에 가장 가까운지 1, 2, 3, 4로 표시하라. 4는 자신의 성격과 가장 가깝다는 것을 의미한다. 다음 페이지의 설명을 참고하도록 하라. 표를 완성한 후 친구나 가족에게도 표를 완성해 달라고 요청하라. 그리고 두 조사결과를 비교하라.

> **주**　4-나를 가장 잘 설명한다(나의 성격에 가장 가깝다).
> 3-나를 대체로 잘 설명한다(나의 성격과 가깝다).
> 2-나를 잘못 설명한다(나의 성격과 거리가 있다).
> 1-나를 전혀 설명하지 못한다(나의 성격과 거리가 멀다).

〈예〉

상상력	2	탐구력	4	현실적	1	분석적	3

첫 번째 타입		두 번째 타입		세 번째 타입		네 번째 타입	
상상력		탐구력		현실적		분석적	
적응력		호기심		조직적		비판적	
연결능력		창조력		핵심파악능력		토론능력	
개인적		모험적		실용적		학구적	
유연성		창의성		정확성		체계성	
나누는 자세		독립적		정돈과 질서		지각능력	
협력적		경쟁적		완벽주의		논리적	
예민함		과감성		근면성		지적	
사교형		문제해결형		계획가형		독서가형	
연상능력		독창성		기억력		치밀함	
자발적		개혁적		방향성		판단력	
소통능력		발견능력		조심성		추리력	
배려심		도전정신		실천력		조사능력	
감정적		실험적		행동력		사고력	
합계		합계		합계		합계	

첫 번째 타입		두 번째 타입		세 번째 타입		네 번째 타입	
상상력		탐구력		현실적		분석적	
적응력		호기심		조직적		비판적	
연결능력		창조력		핵심파악능력		토론능력	
개인적		모험적		실용적		학구적	
유연성		창의성		정확성		체계성	
나누는 자세		독립적		정돈과 질서		지각능력	
협력적		경쟁적		완벽주의		논리적	
예민함		과감성		근면성		지적	
사교형		문제해결형		계획가형		독서가형	
연상능력		독창성		기억력		치밀함	
자발적		개혁적		방향성		판단력	
소통능력		발견능력		조심성		추리력	
배려심		도전정신		실천력		조사능력	
감정적		실험적		행동력		사고력	
합계		합계		합계		합계	

  2개의 표를 완성하고 각 타입의 합을 구한 후 《성공하는 10대》 264~267페이지를 참고하라. 자신과 친구/가족은 어떤 타입인지 확인하라. 이제 두 사람의 차이점을 어떻게 최대한 이용할 수 있는지, 어떻게 협력하여 시너지를 낼 수 있는지 생각해 보라.

> 축하한다.
> 우리가 서로 다르다는 것을
> 알게 돼서 기쁘다.
> 함께 일함으로써 혼자 할 때보다
> 더 큰 성과가 있기를….
> _미스터 스폭Mr. Spock

우리 모두는 한 명의 소수이다

  각 개인은 독특한 존재이기 때문에 우리는 진정으로 한 명의 소수이다. 세상에 똑같이 생기고, 똑같이 말하고, 똑같이 생각하는 사람은 없다. 다양성은 외적인 것일 뿐 아니라 또한 내적인 것이기도 하다. 우리는 배운 것도 다르고, 보는 시각도 다르고, 스타일, 성격, 특징도 다르다. 우리의 뇌는 동생이나 친구의 뇌와 다르게 작용한다.

토머스 암스트롱 박사는 7가지 지능을 확인하고 젊은 사람들은 가장 발달된 지능을 이용할 때 가장 잘 배울 수 있다고 말했다.

- 언어 : 읽기, 쓰기, 이야기를 통해 배운다.
- 논리/수학 : 논리, 유형, 분류, 관계 등을 통해 배운다.
- 신체감각 : 신체감각과 접촉을 통해 배운다.
- 공간 : 이미지와 그림을 통해 배운다.
- 음악 : 소리와 리듬을 통해 배운다.
- 대인관계 : 상호작용과 의사소통을 통해 배운다.
- 자기 성찰 : 자신의 감정을 통해 배운다.

이 7가지 학습유형은 우열이 없다. 그저 차이만 있을 뿐이다. 시너지는 차이점 속에서 장점을 찾는 것이다.

학습유형과 타고난 재능 점검

《성공하는 10대》 261~264페이지 "우리 모두는 한 명의 소수이다"를 읽어라.

_ 이 7가지 지능 가운데 가장 발달되었다고 생각하는 나의 지능은 :

_ 그 외에 내가 사용하는 다른 지능은 : (언제, 어디서 사용하는지도 적어라.)

_ (다시 186페이지의 완성된 조사결과를 살펴보고, 《성공하는 10대》 264~267페이지를 읽어라.) 내가 가장 닮고 싶은 타입은 :

_ (《성공하는 10대》 264~267페이지 각 타입의 타고난 재능을 읽어라.) 나의 타입에 해당되는 타고난 재능은 나를 잘 설명한 것 같다. 그런가, 아닌가?

_ 타고난 재능 가운데 가장 자신있다고 생각하는 것은 :

_ 타고난 재능을 사용한 때는 : (그 상황을 설명하라.)

_ 내가 키울 수 있는 능력은 :

_ 아직 내게 없지만 친구들이 가르쳐줄 수 있는 능력은 :

차이점을 발견하라

'우리 모두는 한 명의 소수'라는 것이 무엇을 의미하는지 아는가? 비록 나와 비슷해 보여도, 나와 같은 배경을 갖고 있어도 나는 이 세상에 단 한 사람뿐이라는 것이다. 일란성 쌍둥이라고 해도 한 명의 소수인 것은 마찬가지이다. 우리는 현상 너머를 볼 때, 각 사람들을 특별하게 만드는 놀라운 차이점을 발견할 수 있을 것이다.

나의 차이점을 발견하기

《성공하는 10대》 261~264페이지 "우리 모두는 한 명의 소수이다"를 참고하라.

다음 설문에 답하고 자신이 무엇이 특별하고, 어떤 장점이 있는지 확인하라.

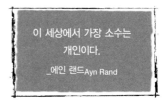

이 세상에서 가장 소수는 개인이다.
_에인 랜드Ayn Rand

1. 친구나 가족들이 내게 붙여준 별명 :

_____

2. 고향 :

_____

3. 하루 종일 혼자 있을 때 내가 즐겨 하는 것 :

_____

4. 가장 많이 웃은 영화나 드라마는? :

_____

5. 밤에 몇 개의 베개를 사용하는가?

_____

6. 늘 사용하는 단어나 표현 :

    _____

7. 좋아하는 가수 :

    _____

8. 좋아하는 아이스크림 :

    _____

9. 평소의 취침시간 :

    _____

10. 내가 생각하는 나의 가장 특별한 점 :

    _____

11. 친한 친구가 말하는 나의 가장 큰 장점 :

    _____

12. 가장 잘하는 과목 :

    _____

13. 가장 못하는 과목 :

    _____

14. 나의 반려 동물은 : (왜?)

    _____

15. 아무 도구나 가질 수 있다면 어떤 것을 고르겠는가?

_____

16. 가장 잘생긴 부분 :

_____

17. 많은 사람과 함께 있을 때가 편한가, 친구 한두 명과 함께 있을 때가 편한가?

_____

18. 사람들이 나에 대해 모르고 있는 점 1가지 :

_____

19. 공상을 할 때 주로 생각하는 것 :

_____

20. 가족들과 함께 지낸 시간 가운데 가장 기억에 남는 순간 :

_____

21. 미술관에서 하루를 보내는 것이 즐거운가, 따분한가?

_____

22. 가장 가보고 싶은 장소 : (왜?)

_____

23. 가장 가보고 싶은 나라 : (왜?)

_____

24. 가장 즐거웠던 휴가 :

_____

25. 최악의 휴가 :

_____

26. 만일 이 세상에서 어느 건물이 될 수 있다면, 어떤 건물이 되고 싶은가?

_____

27. 나를 잠 못 들게 하는 것 :

_____

28. 어렸을 때 가장 즐겨 하던 것 :

_____

29. 가장 즐겨 보는 스포츠 :

_____

30. 가장 좋아하는 책 :

_____

31. 가장 좋아하는 계절 :

_____

32. 가장 좋아하는 휴일 :

_____

33. 내가 알고 있는 가장 어리석은 사람 :

_____

34. 집 안에 있는 것을 좋아하는가, 바깥에 나가 활동하기를 좋아하는가?

_____

35. 내가 받을 수 있는 가장 좋은 선물 :

_____

자기 자신의 다양성을 찬양하라

자기 자신을 다른 사람과 비교하는 것은 쉽기 때문에, 우리는 자기 자신보다는 다른 사람을 더 많이 본다. 그러나 자신을 다른 사람과 비교하면 자신의 독특한 장점을 가치 있게 생각하지 못하게 된다.

우리는 다른 사람과 융합되어 버리거나 같아지려고 하지 말고, 자신의 독특한 차이점과 장점을 자랑스럽게 생각하고 찬양해야 한다. 과일 샐러드는 각 과일이 저마다의 향기를 간직하고 있기 때문에 맛있다는 점을 기억하라.

자신의 독특한 특성을 평가하라

《성공하는 10대》267페이지 "자기 자신의 다양성을 찬양하라"를 읽어라.

_ 나의 과일 샐러드에 넣고 싶은 과일은 :

_ 나의 과일 샐러드에서 빼고 싶은 과일은 :

_ 나 자신을 다른 사람과 비교하고 내가 모자라다는 생각이 들 때면, 나의 강점 가운데 어느 것을 기억하면서 나만의 독특한 특성을 자랑스럽게 생각하겠는가?

_ 내가 다른 사람들과 융합되고 같아지려고 하는 대신에, 나의 독특한 차이점과 장점을 자랑스럽게 생각하고 찬양할 수 있는 방법은 :

차이점을 찬양하는 데 걸림돌이 되는 것을 피하라

차이점을 찬양하는 데 방해가 되는 요소들이 많이 있는데, 그 가운데 가장 큰 걸림돌은 다음 3가지이다.

- 무지 : 다른 사람이 어떻게 생각하는지, 무엇을 생각하는지, 어떻게 느끼는지 알지 못한다.
- 패거리 : 함께하기 편한 사람들끼리 어울리고 싶어 한다. 잘못된 것은 아니지만 그 집단이 배타성을 띠고 다른 사람을 거부할 때 문제가 된다.
- 편견 : 자신과 환경이 다르다는 이유로 사람들을 공평하게 대하지 않는다. 고정관념을 갖고, 부정적인 꼬리표를 붙이고, 예단한다.

이 장애 요소들은 차이점을 찬양하고 시너지가 발생하는 것을 방해한다.

다양성의 걸림돌들을 확인하기

_ 내가 관심을 갖고 있는 사람이 누군가의 무지로 인해 피해를 입었을 때는:

_ 패거리에 못 끼었을 때나 다른 사
람이 패거리에 끼지 못한 것을 목격
한 때는 :

_ 사람들을 편견 없이 대하기 위해 할 수 있는 것은 :

_ 내가 편견을 갖고 있을 수 있는 분야는 :

_ 이 편견을 극복하기 위해 할 수 있는 것은 :

다양성을 옹호하라

아무도 다양성을 옹호하지 않는다면 세상
은 어떻게 되겠는가? 컬러가 아닌 흑백의 세
상이 될 것이다. 아무도 자신의 차이점을 나누
려고 하지 않는 황량하고 무지한 세상이 될 것
이다. 다양성이 없으면 세상은 너무 단조로울
것이다. 세계 각국의 다양한 문화는 우리에게
놀라운 문학, 미술, 음식, 스포츠, 게임을 제공
했다.

다행스럽게도 세상은 다양성을 소중히 여기
는 사람들로 가득하다. 이 사람들은 차이점을
찬양하고 다양성을 옹호한다. 의견, 인종, 문화, 생활습관의 차이에서 얻어지는 지식과 이해는 더없이 귀중하다.

그러나 다양성 옹호를 다른 사람에게만 의존할 수는 없다. 우리가 직접 나서서 다양성을 옹호해야 한다.

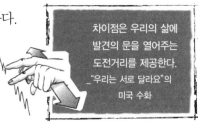

차이점은 우리의 삶에 발견의 문을 열어주는 도전거리를 제공한다.
_ "우리는 서로 달라요"의 미국 수화

다양성을 옹호하는 방법 찾기

_ 다양성을 옹호하는 것은 내게 중요하다. 그런가, 아닌가? (왜?)

_ 다양성을 옹호한 때(또는 옹호할 수 있었던 때)는 :

_ 그 결과 어떻게 되었는가?

하루 동안 주변 사람들, TV 쇼, 영화, 책들을 유심히 살펴보라. 그리고 '다양성 옹호 일지'를 적어라. 사람들이 다양성을 옹호한 예를 기록하라.

다양성의 형태	사람들은 어떻게 다양성을 옹호했는가

습관 6

_ 나는 다양성 옹호 사례가 이렇게 많다는 것에 놀랐다. 그런가, 아닌가? 더 많은 예를 찾을 것으로 예상했는가? 더 적은 예를 찾을 것으로 예상했는가?

_ 다음과 같이 다양성 옹호에 대한 두려움을 극복할 수 있다 : (자신의 생각이나 행동을 적어라.)

다음 질문에 "그렇다, 아니다"로 답하라. 답을 하기 전에 구체적인 예를 생각해 보라.

대답이 "그렇다"가 많다면, 다른 사람의 삶의 방식과 행동을 이해하려는 노력이 필요하다. 사람들이 파티에 어떤 것을 갖고 오든 존중하고 감사하라. 대답이 "아니다"가 더 많다면, 당신은 자신에게서 편안함을 느끼고 사람들과 쉽게 관계를 맺는다. 다른 사람에게 배우는 것이 자신의 삶에 도움이 된다는 것을 알고 있기 때문이다.

	그렇다	아니다
나는 나 자신과 주변의 다른 사람에게 완벽함을 요구한다.	☐	☐
나는 다른 사람이 나나 나의 생각을 좋아하지 않을 때 깜짝 놀란다.	☐	☐
사람들은 내게 약속을 하고, 지키지도 않으면서 계속 약속을 한다.	☐	☐
나는 정말 좋아하거나 믿는 친구가 많지 않다.	☐	☐
나는 이 모든 '정치적인 처신(political correctness)'에 신물이 났다. 나는 모든 사람을 좋아할 이유가 없다.	☐	☐
나는 다른 사람이 나에 대해 갖고 있는 생각을 좋아하지 않는다.	☐	☐
나는 변화를 좋아하지 않는다.	☐	☐
나는 혼자 일할 때 일을 더 잘한다.	☐	☐
나는 긍정적이기보다는 부정적인 경향이 더 강하다.	☐	☐
나는 사람들이 나의 실제 모습을 발견하지 못할까 두렵다.	☐	☐

'더 좋은' 방법 찾기

차이점이 약점이 아니라 강점이라는 믿음을 가졌다면 더 좋은 방법인 시너지를 발견할 수 있는 준비는 끝난 셈이다. 나의 방법과 너의 방법이 결합되어 만들어진 새롭고 더 좋은 방법이다.

미국 헌법제정자들은 초대정부 의회를 구성할 때 시너지를 활용했다. 윌리엄 패터슨은 작은 주에 유리한 뉴저지플랜을 제안했고, 제임스 매디슨은 큰 주에 유리한 버지니아플랜을 제안했다. 결과가 어떻게 되었느냐고? 의회를 상원과 하원으로 나누고 큰 주와 작은 주의 요구를 모두 만족시킨, 코네티켓타협(종종 '위대한 타협Great Compromise'이라고 불린다)이 이루어졌다. 이것은 원래의 것들보다 더 좋은 것이라는 것이 밝혀졌으니 '위대한 시너지Great Synergy'라고 불러야 마땅하다.

더 좋은 것을 시도해 보라

《성공하는 10대》272~274페이지 "더 좋은 방법을 찾는 방법"을 읽어라. 시너지는 단순한 타협이나 협력이 아니다. 그것은 관련된 모든 사람이 환영할 제3의 방안을 찾는 것이다.

_ 다른 사람과 단순히 타협만 하던 때는 :

_ 타협한 후 나의 기분은?

_ 우리가 시너지를 내서 찾을 수 있었던 더 좋은 방법은?

_ 다른 사람과 더 좋은 방법을 찾은 때는 :

_ 더 좋은 방법을 찾은 후 나의 기분은 :

_ 다른 사람은 어떻게 느꼈을 것이라고 생각하는가?

시너지 활용하기

데이트와 귀가시간 문제로 부모님과 충돌하거나, 친구들과 교내활동에 대한 계획을 세울 때 서로 의견이 맞지 않는다면 어떻게 되겠는가? 그런 경우에도 상대방에게 손해 본다는 느낌을 주지 않고 합의에 도달할 수 있다.

다음과 같은 간단한 5단계 프로세스를 이용하여 시너지 방법을 찾을 수 있다.

시너지를 활용하기 위한 실행계획 세우기

《성공하는 10대》 274~281페이지 "시너지를 활용하는 방법"을 읽도록 하라.

더 행복해지고 건강해지고 싶은 관계를 생각해 보라. 시너지를 활용하기 위한 실행계획을 사용하여 문제를 해결하고 시너지 방법을 찾아라.

문제가 무엇인지, 그리고 어떤 좋은 기회가
있는지 확인한다

 상대방의 견해와 해결책
(상대방이 어떤 생각을 가지고 있는지 잘 들어본다)

 나의 견해와 해결책
(자신의 생각을 이야기해 주고 이해시킨다)

 브레인스토밍
(새로운 대안과 해결책을 생각해 본다)

 더 좋은 방법
(최선의 해결책을 찾는다)

_ 내가 개선하고 싶은 하나의 대인관계는 :

_ 시너지를 활용할 수 있는 문제 혹은 오해는 :

_ 나는 상대방이 어떤 생각과 해결책을 갖고 있는지 알기 위해 어떻게 할 것인
가?

_ 나는 나의 생각과 해결책을 어떻게 이야기해 주고 이해시킬 수 있는가?

_ 내가 고려할 수 있는 새로운 대안과 해결책은 :

_ 우리가 찾은 최선의 해결책은 :

팀워크와 시너지

우리는 팀워크와 시너지의 부산물로 좋은 대인관
계를 얻는다. 올림픽에서 금메달을 딴 농구선
수 데보라 밀러 팔모어Deborah Miller Palmore
는 이것을 아주 적절하게 표현했다.
"삶이라는 게임을 할 때도 팀워크의 느
낌은 남아 있을 것이다. 게임과 슛과 점수
는 잊혀져도 팀동료는 절대 잊혀지지 않을 것이다."

어떤 사람들은 자연스럽게 시너지를 낸다. 그들은 지금까지 혼자서 얻
은 것보다 더 좋은 결과를 얻기 위해 다른 사람을 지원하고, 격려하고, 떠
받쳐주는 데서 즐거움을 느낀다. 시너지란 선물은 누구나 얻을 수 있다!
더 좋은 결과를 내기 위해 사람들과 협력할 때 시너지를 내게 된다.

누구의 지원을 받을 수 있는지 생각해 보라

《성공하는 10대》 281~282페이지 "팀워크와 시너지"를 읽어라.

다음 상황에서 지원을 받을 수 있는 친구, 선생님, 가족, 기타 사람의
이름을 적어라.

_ 나는 숙제를 하는 데 _____ 의 도움을 기대할 수 있다.

_ 나는 _____ 에게 하루를 즐겁게 해줄 좋은 음식을 기대할 수 있다.

_ 나는 삶에 대한 의문을 해소하는 데 _____ 의 도움을 기대할 수 있다.

_ 나는 활동계획이나 파티계획을 세우는 데 _____ 의 도움을 기대할 수 있다.

_ 나는 나의 진짜 속마음을 파악하는 데 _____ 의 도움을 기대할 수 있다.

_ 나는 _____ 가 내게 포복절도할 랜덤 문자를 보낼 것이라고 믿는다.

_ 나는 _____ 가 비밀을 지킬 것이라고 믿는다.

_ 나는 _____ 가 좋은 음악과 문화를 알려줄 것이라고 믿는다.

_ 나는 마당이나 집을 청소하는 데 _____ 의 도움을 기대할 수 있다.

_ 나는 _____ 가 함께 공놀이를 해줄 것이라고 믿는다.

_ 나는 _____ 이 함께 쇼핑하며 조언해 줄 것이라고 믿는다.

_ 나는 _____ 가 내가 어려워하는 과목을 가르쳐줄 것이라고 믿는다.

_ 나는 장래 교육계획을 세우는 데 _____ 의 도움을 기대할 수 있다.

_ 나는 영적, 종교적 문제를 갖고 있을 때 _____ 의 도움을 받을 수 있다.

_ 나는 _____ 가 항상 나를 사랑하고 성장을 도와줄 것이라고 믿는다.

_ 그 외에 내가 다른 사람들로부터 시너지를 기대할 수 있는 분야는 :

> 생쥐는 한 구멍에만
> 의지하지 않는다.
> _플라우투스Plautus

걸음마

자신이 할 수 있는 걸음마 행동 1, 2가지를 선택하라. 다른 사람에게 그 경험을 이야기하든지 그 경험과 배운 점을 여기에 적어라.

① 신체적 혹은 정신적 장애가 있는 급우나 이웃을 만났을 때 안쓰럽게 생각하거나 무슨 말을 해야 할지 몰라 피하지 말라. 오히려 그들과 가까워져라. 그것이 모두를 더 편안하게 만들어줄 것이다.

② 부모님과 의견이 맞지 않을 때는 시너지를 활용하기 위한 실행계획을 세워보라. 문제를 확인하고, 부모님의 말을 들어보고, 자신의 생각을 이야기하고, 브레인스토밍하고, 최선의 해결책을 찾아라.

③ 이번 주에 학교에서 소셜 미디어를 사용하여 영향력을 발휘하라. 사람들을 하나로 묶어서 시너지를 만들어내라.

④ 이번 주에 주변을 둘러보고 팀에서, 자연에서, 친구들 사이에서, 기업에서 시너지를 내고 있는 경우를 찾아보라. 그들은 어떤 창조적 문제 해결 방법을 사용하는가?

⑤ 주변에서 가장 신경에 거슬리는 사람들이 누구인지 생각해 보라. 그들은 어떤 점이 다른가?

그들에게서 무엇을 배울 수 있는가? _____

_____

_____

_____

⑥ 이번 주에는 지금까지 해오던 방식에서 벗어나, 친구와 머리를 맞대고 뭔가 재미있고 새롭고 색다른 일을 생각해 보라.

걸음마

1. 다음 각 분야에서 자신이 다양성에 대해 얼마나 열린 마음을 갖고 있는지 진단해 보라. 나는 차이점을 피하는 사람인가, 그냥 참고 견디는 사람인가, 아니면 찬양하는 사람인가?

	피한다	참고 견딘다	찬양한다
인종			
성			
종교			
나이			
옷차림			

각 분야에서 차이점을 찬양하기 위해 무엇을 할 수 있겠는가? _____

_____

_____

_____

걸음마 – 학습일지

_ 나는 어떤 걸음마를 시도했고, 무엇을 배웠는가?

4부

자기 쇄신

습관 7 끊임없이 쇄신하라
나를 위한 시간

희망이 살아 숨쉬게 하라!
애야, 너는 산을 옮길 수 있단다

습관 7

끊임없이 쇄신하라

나를 위한 시간

맑은 날 지붕을 고쳐놓아야 비가 와도 걱정이 없다.

_존 F. 케네디 John F. Kennedy

서론

우리는 인간 욕구의 4가지 차원-신체적, 지적/정신적, 사회적/감정적, 영적 차원-에서 균형 있게 쇄신해야 한다. 각 차원에서 자기 자신을 쇄신할 때, 삶은 성장하고 변화한다. 성장하고 발전할 수 있는 능력을 극대화하면 우리가 직면한 도전을 쉽게 극복할 수 있다. 자기 자신을 쇄신하지 않을 때, 성장은 제한되거나 퇴보하고, 생산하고 도전에 대처할 수 있는 능력도 제한되거나 감소한다.

우리는 쇄신할(톱날을 갈) 시간이 없다고 생각한다. 자기 쇄신은 어떻게 생산능력과 도전대처능력을 증대시킬 수 있는가? 이렇게 생각해 보면 알기 쉬울 것이다.

- 무딘 톱으로 톱질하는 데 걸리는 시간-30분
- 톱날을 가는 데 걸리는 시간-5분
- 날이 선 톱으로 톱질하는 데 걸리는 시간-10분

땡그랑! 우리는 방금 15분을 절약했다. 나무를 톱질해 본 적이 없다고? 그럼 이런 건 어떤가?

- 우리는 지쳐 있다. 프로젝트 마감까지 남은 시간-5시간
- 쇄신하고(톱날을 갈고), 다시 초점을 맞추고, 재정비하는 데 걸리는 시간-30분

• 다시 힘을 얻어 프로젝트를 마치는 데 걸리는 시간 −3시간

땡그랑! 당신은 방금 90분을 절약했다. 톱날 갈기(쇄신)는 당신에게도 해당된다.

나는 어떻게 쇄신하고 있는가?

1. 《성공하는 10대》 288~289페이지를 읽어라.
2. 다음 설문에 답하라.

N=전혀 그렇지 않다   S=가끔 그렇다   A=항상 그렇다

	N	S	A
나는 몸에 해로운 불량식품을 피하고 몸에 좋은 음식만 먹으려고 노력한다.	☐	☐	☐
나는 규칙적으로 운동한다.	☐	☐	☐
나는 잠을 충분하게 잔다.	☐	☐	☐
나는 개인위생에 주의한다.	☐	☐	☐
나는 휴식시간을 갖는다.	☐	☐	☐
나는 규칙적으로 좋은 책을 읽거나 흥미로운 사이트/블로그의 글을 읽거나 뉴스를 듣는다.	☐	☐	☐
나는 좋은 음악을 연주하거나 듣는다.	☐	☐	☐
나는 글을 쓰거나 그림을 그린다.	☐	☐	☐
나는 문화행사에 참가하고, 지적인 영화를 보고, 다큐멘터리를 보고, 가끔 수준 높은 TV 교양 프로그램을 본다.	☐	☐	☐
나는 새로운 기술을 배우고 나의 재능을 개발한다.	☐	☐	☐

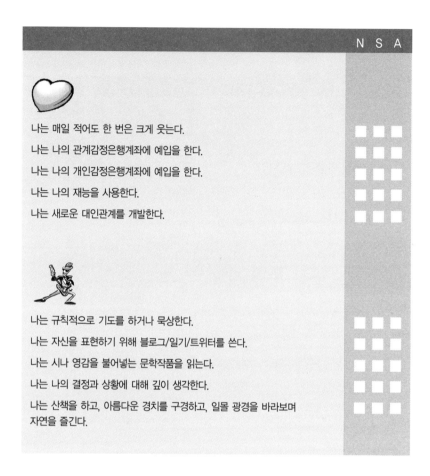

나는 매일 적어도 한 번은 크게 웃는다.

나는 나의 관계감정은행계좌에 예입을 한다.

나는 나의 개인감정은행계좌에 예입을 한다.

나는 나의 재능을 사용한다.

나는 새로운 대인관계를 개발한다.

나는 규칙적으로 기도를 하거나 묵상한다.

나는 자신을 표현하기 위해 블로그/일기/트위터를 쓴다.

나는 시나 영감을 불어넣는 문학작품을 읽는다.

나는 나의 결정과 상황에 대해 깊이 생각한다.

나는 산책을 하고, 아름다운 경치를 구경하고, 일몰 광경을 바라보며 자연을 즐긴다.

3. 30일 후 이 평가를 다시 실시하라. 그때는 다른 색 볼펜을 사용하라. 그 다음에 처음의 평가결과와 비교하라.

_ 어떤 차이가 있는가?

균형이 중요하다

우리는 더 나은 삶을 살기 위해서는 끊임없이 자기 자신을 쇄신해야 한다. 최고의 능력을 발휘하기 위해서는 이 삶의 4개 영역에 골고루 신경을 써야 한다. 한 영역이 다른 영역에도 영향을 미치기 때문에 4개 영역의 균형을 이루는 것이 중요하다. 알기 쉽게 이렇게 생각해 보라. 4개의 자동차 바퀴 중 하나가 바람이 빠지면 네 바퀴 모두 잘 굴러가지 못한다. 몸(신체)이 피곤할 때는 친절해지기(마음) 어렵다. 그 반대의 경우도 마찬가지이다. 의욕이 넘치고 영적으로 안정되어(영혼) 있을 때는 공부에 집중하기가(두뇌) 쉽고 더욱 친절해진다(마음).

균형을 유지하라

1. 《성공하는 10대》 289~290페이지 "균형을 유지하라"를 읽어라.
2. 다음 표에 각 영역에서 자신을 쇄신할 수 있는 방법 3가지를 적어라.

차원	쇄신 방법		
신체	_____	_____	_____
두뇌	_____	_____	_____
마음	_____	_____	_____
영혼	_____	_____	_____

모든 사람은 4개의 방—신체적, 지적, 감정적, 영적 방—이 있는 집과 같다. 만일 우리가 매일 각 방에 들어가 보지 않는다면 비록 환기를 시킨다고 해도 완전한 사람이 될 수 없다.

_루머 고든Rumer Godden

세상에 내가 이렇게 바보 같은 짓을 했다니.

3. 그 외에 자기 자신을 쇄신할 방법을 찾아라.

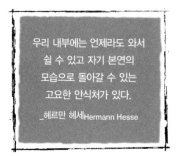

우리 내부에는 언제라도 와서
쉴 수 있고 자기 본연의
모습으로 돌아갈 수 있는
고요한 안식처가 있다.

_헤르만 헤세Hermann Hesse

재정비하는 시간을 가져라

우리는 자동차와 같이 정기적으로 정비를 하고 오일을 교환해야 한다. 재정비와 휴식을 위한 시간이 필요하다. 긴장을 풀어줄 시간이 필요하다. 마음껏 쉬어라. 그것이 진정한 자기 쇄신이다.

쉬는 방법 찾기

《성공하는 10대》 290페이지 "재정비하는 시간을 가져라"를 보라

_ 재정비를 위해 할 수 있는 것 10가지를 적어라.

1. _____
2. _____
3. _____
4. _____
5. _____
6. _____
7. _____
8. _____
9. _____
10. _____

_ 지난달에 다른 사람이 어떤 방법으로 휴식을 취하는지 보았는가?

재창조 시간을 내지 못하는 사람들은
조만간 병에 걸려 자리에 눕는
시간을 내야 할 것이다.

_존 워너메이커John Wanamaker

자신의 신체를 돌봐라

10대에는 목소리가 변하고, 호르몬 분비가 왕성해지고, 신체골격이 완성된다. 자신의 신체적 변화를 기꺼이 받아들여라!

이처럼 끊임없이 변하는 우리의 몸은 정말로 놀라운 기계이다. 우리는 몸을 잘 돌볼 수도 있고, 학대할 수도 있다. 컨트롤할 수도 있고, 컨트롤당할 수도 있다. 말하자면 우리의 몸은 도구이다. 그 도구를 잘 관리하면, 쓰임새가 커질 것이다.

나의 신체적 쇄신상태 평가

《성공하는 10대》290~299페이지 "신체를 돌보는 법"을 읽어라.

다음 문장 중에서 규칙적으로 실시하고 있는 활동에 표시하라.

나는 나의 건강, 영양, 운동 상태에 대한 최신 정보를 가지고 있다.	☐
나는 일주일에 적어도 3번은 20~30분간 운동한다.	☐
나는 과일, 야채, 비타민, 무기질의 필요성을 충분하게 인식하고 있다.	☐
나는 체력훈련의 강도를 유지하거나 높여가고 있다.	☐
나는 심혈관을 강화하고 유연성을 증대시키는 운동을 하고 있다.	☐
나는 적어도 8시간 수면을 취하고 있다.	☐
나는 필요할 때는 휴식을 취하거나 긴장을 푼다.	☐
나는 불량식품이나 패스트푸드를 일주일에 2번 이상 먹지 않는다.	☐
나는 효과적이고 적극적으로 스트레스를 푼다.	☐

_ 나에게 건강과 쇄신의 의미는 :

_ 다른 사람이 하고 있는 활동 가운데 내가 하고 싶은 1가지 활동은 무엇인가?

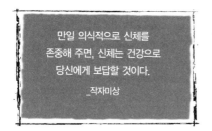

만일 의식적으로 신체를
존중해 주면, 신체는 건강으로
당신에게 보답할 것이다.

_작자미상

_ 나는 영양섭취에 대해 더 많은 것을 알고 싶다. 그런가, 아닌가? 특히 무엇에 관심이 있는가?

_ 나는 신체관리에 대해 더 많은 것을 알고 싶다. 그런가, 아닌가? 특히 무엇에 관심이 있는가?

_ 신체적 건강을 위해서는 건강과 신체관리에 대한 평소의 생각을 뛰어넘어야 한다. 최상의 컨디션을 유지하기 힘들면 앞 페이지 체크리스트를 참조하라. 체 크되지 않은 항목 가운데 하나를 시작하여 좋은 출발을 만들고 싶은가?

자신이 먹는 것을 점검하라

자기 쇄신을 위해서는 건강에 신경 써야 한다. 건강하지 못하면 아무 것도 할 수 없다. 최고의 능력을 발휘하기 위해서는 올바른 음식이 필요 하다.

당신은 최근에 무엇을 먹었는가?

극단적인 식사를 피하기 위해 미국 농무부USDA의 마이플레이트를 활용하라. 마이플레이트는 영양에 대해 적당하고 균형 잡힌 접근방법을 취하고 있다. 이 식단표는 곡류·과일·야채·저지방 유제품을 많이 먹고, 패스트푸드나 불량식품·스낵류·지방이나 소금·설탕이 많이 든 음식을 피하라고 권한다.

"적당한 것이 좋다"는 옛말은 음식과 삶의 다른 부분에도 적용된다.

마이플레이트

보다시피 마이플레이트는 우리의 접시를 과일과 채소로 반만 채울 것을 권한다. 나머지 반은 통곡물(귀리나 통밀빵)과 건강에 좋은 단백질(생선, 치킨, 견과류, 콩)로 채워야 한다. 옆에는 저지방 우유나 요구르트 한 컵을 나타내는 작은 원이 있다. 이것 역시 지방, 설탕, 소금 등이 과다하게 들어간 패스트푸드, 정크푸드, 스낵류를 덜 먹기 위한 것이다. 아울러 마이플레이트는 매일 물을 6~8컵씩 마시라고 권장한다. 이것은 신체 건강을 유지하는 데 필수적이다. 화장실을 자주 가는 것이 좋다.

내가 먹는 것 점검하기

자신의 몸에 귀를 기울여라. 여러 음식이 몸에 어떤 영향을 주는지에 관심을 기울여라. 몸이 말해주는 지식을 바탕으로 먹어야 될 것과 안 먹어야 될 것을 정하라. 사람마다 음식에 대한 반응은 다르다. 잠자리에 들기 전에 많이 먹는다면, 잘 자지 못하고 아침에도 몸이 개운하지 않을 것이다.

_ 다음과 같은 음식일기를 작성하여 일주일 동안의 식사습관을 점검하라.

일	
월	
화	
수	
목	
금	
토	

_ 먹는 음식과 기분상태 사이의 연관성이 보이는가?

_ (이 질문에는 한 주를 마치고 대답하라.) 나는 내가 얼마나 잘 먹는지 알고 놀랐다. 그런가, 아닌가? (자신의 느낌을 적어라.)

_ 나의 식단에서 개선하고 싶은 부분은 :

운동량 역시 기분상태에 영향을 미칠 수 있다. 다음과 같은 운동일기를 작성하여 일주일 동안 매일 몇 분씩 운동하는지 점검하라. 이것은 칼로리를 점검하기 위한 것이 아니라 맥박수를 높이고 에너지를 방출하기 위한 것이다. 보너스로 엔도르핀도 분비된다.

운동한 시간	활동 내용
일	
월	
화	
수	
목	
금	
토	

외모가 아니라 자부심에 초점을 맞춰라

신체적 건강을 추구하는 과정에서 너무 외모에 치우치지 않도록 하라. 알다시피 우리 사회는 너무 외모만 중시하는 경향이 있다. 내 말이 맞는지 확인하고 싶으면 언론에 유명 연예인들이 어떻게 소개되는지 보라. 연예 신문은 그들의 아름다움을 찬양하고는 곧이어 그들의 사소한 결점과 별로 눈에 띄지도 않는 셀룰라이트(피하에 뭉쳐져서 피부가 우둘투둘하게 보이게 하는 피하지방)까지 샅샅이 뒤져서 찾아낸다. 그런 연예인들과 비교가 되니 외모에 신경을 쓰지 않을 수

> 중요한 것은 외모가 아니라 신체적인 자부심이다. 슈퍼모델은 잊어라. 많은 사람이 그들처럼 될 수 있다면, 그들은 슈퍼라고 불리지 않을 것이다.
>
> _샌디 와인스타인Sandy Weinstein

있겠는가?

자신을 유명인이나 모델과 비교하며 자신의 신체와 외모에 대해 혐오감을 느끼기에 앞서, 잘생기지도 몸매가 좋지도 않은 수많은 10대들이 건강하고 행복하게 살고 있다는 사실을 잊지 말라. 실제로 많은 가수, 토크쇼 사회자, 댄서, 운동선수, 영화배우들이 신체적으로 완벽하지 못한 약점을 상당히 갖고 있지만, 사회적으로 존경받고 성공했다.

유명인 사진 붙여넣기

잡지 표지가 말하는 것을 모두 믿는다면, 존경받거나 인기를 위해서는 마르고, 매력적이고, 이목구비가 뚜렷하고, 좋은 목소리를 지녀야 한다고 생각할 것이다. 그렇지 않다! 그것을 증명하기 위해 잡지를 뒤져 '보통 사람' 같은 모습을 하고 신체적으로 건강한 유명인 3명의 사진을 오려놓아라.

그 사진을 다음 페이지에 붙여라.

먼저 존경받고, 인기 있고, 성공한 이 유명인들을 살펴보라. 그들은 재능 있고, 사람들에게 호감을 주고, 재미있고, 자기만의 독특한 외모를 지니고 있다.

- 아델('현존하는 가장 섹시한 여성' 가운데 한 사람으로 선정되었다.)
- 세스 로건(보통 사람 같다고 인식되기 때문에 인기 있다.)
- 브루스 윌리스와 주드 로(모두 앞머리가 벗겨졌기 때문에 인기 있다.)
- 레나 던햄(재미있고 획기적인 연기와 저술로 인기를 얻고 있는 연기자이자 작가로서, TV에서 요구하는 도식화된 여성의 이미지를 단호히 거부하고 있다.)

_ 앞 페이지에 붙인 사진들 가운데 하나를 선택하라. 그는 누구이고, 어떤 특징이 그를 유명하게 만들었다고 생각하는가?

_ 자신에 대한 느낌은 어떤가?

_ 이 느낌은 건전한가, 건전하지 못한가? 그런 느낌이 들 때 기분이 어떤가? 좋은가, 나쁜가? 아니면 별다른 기분이 없는가?

_ 건전하지 않다면, 그러한 인식을 어떻게 바꿀 수 있겠는가?

_ 자신에 대해 어떤 태도를 갖고 싶은가?

파괴적 중독증을 조심하라

건강을 보살피는 방법에 여러 가지가 있듯이, 건강을 해치는 방법에도 여러 가지가 있다. 술, 약물, 담배와 같은 중독물질에 빠지는 것이 몸을 망치는 가장 빠른 방법이다. 교통사고, 자살, 살인 등 10대들의 3가지 가장 큰 사망 원인은 모두 술과 관계가 있다. 몸을 망치는 것으로는 흡연도 있다. 흡연은 시력을 떨어트리고, 피부노화를 가속화하고, 치아를 누렇게 만들고, 손가락 끝 피부를 변색시키고, 몸을 피곤하게 만들고, 암을 유발한다. 그냥 멋있어 보이는 것 외에는 담배를 피워야 할 이유가 없다. 심지어 멋있어 보인다는 것조차도 이젠 낡은 생각이 되었다.

중독이 나쁜 것은 스스로 통제할 수 없기 때문이다. 우리의 중독이 그렇다. 우리는 중독이 다른 사람의 일이고 자신은 언제라도 끊을 수 있다고 생각한다. 하지만 실제로는 그것이 몹시 어렵다. 10대 흡연자의 약 30%가 지속적인 흡연으로 인한 질병으로 일찍 죽을 것이라는 연구도 나와 있다.

_ 끊고 싶은 나의 파괴적 중독증은 :

_ 도움을 받고 싶은 곳은 :

나의 음주상식 측정하기

자신이 술과 그 위험에 대해 얼마나 많이 알고 있는지 확인하라. 다음 질문에 '그렇다, 아니다'로 답하라. 테스트를 마친 후 답을 확인하라.

	그렇다	아니다
1. 대부분의 10대들은 술을 마신다.		
2. 맥주와 포도주는 브랜디나 위스키 등 증류주보다 안전하다.		
3. 술을 마시지 않는 한, 술 마시는 사람들 옆에 있어도 괜찮다.		
4. 알코올을 많이 섭취하는 것은 거의 가능하지 않다.		
5. 술은 신체를 상하게 한다.		
6. 술은 뇌를 상하게 한다.		
7. 음주는 나를 더욱 매력적으로 만들어준다.		
8. 친구들과 잘 어울리려면 술을 거부할 수 없다.		
9. 주말에만 술을 마신다면 알코올이 학교생활에 영향을 미치지 않을 것이다.		
10. 만 19세가 안 되었다면 술을 사거나 소지하는 것이 불법이다.		
11. 아무래도 모든 10대가 어느 순간에는 술을 마실 것이다.		
12. 다음은 술을 의미하는 은어들이다 : booze, sauce, brews, brewskis, hooch, hard stuff, juice.		
13. 술에 다른 약이나 마약을 타서 마셔도 상관없다.		

정답과 해설

1. 아니다 _ 대부분의 10대는 술을 마시지 않는다.

2. 아니다 _ 맥주 한 캔은 포도주 한 잔, 와인쿨러wine cooler 한 개, 위스키 한 잔만큼의 알 코올을 함유하고 있다.

3. 아니다 _ 술을 마시는 사람 옆에 있으면, 교통사고나 폭력에 의한 심각한 상해를 입을 위 험이 높다.

4. 아니다 _ 알코올도수가 높은 술을 많이 마시면, 혼수상태에 빠질 수 있고, 심지어 사망할 수도 있다.

5. 그렇다 _ 술은 인체의 모든 장기에 손상을 입힐 수 있다. 혈액 속으로 직접 들어가 여러 가지 심각한 질환이 발생할 위험성을 높일 수 있다.

6. 그렇다 _ 음주는 뇌와 중추신경에 작용하여 신체조절능력과 판단능력을 떨어뜨리고, 반사 신경을 무디게 하고, 시각을 왜곡시키고, 기억을 못하게 하고, 심지어 의식을 잃 게 하기도 한다.

7. 아니다 _ 술은 체중을 증가시키고, 입냄새가 나게 할 수 있다.

8. 아니다 _ 술을 안 마셔도 어울릴 수 있는 친구들이 많다. 10대의 대부분은 술을 마시지 않 는다. 생각하는 것처럼 그렇게 술을 거부하는 것이 어렵지 않다. "고맙지만 사양 하겠어." "술 못 마셔." "마시고 싶지 않아"라고 말해보라.

9. 아니다 _ 술을 마시거나 다른 중독물질을 사용하는 고등학생들은 학업포기 비율이 다른 학생들의 5배이며, 그들은 좋은 성적을 받는 것이 중요하지 않다고 생각한다.

10. 그렇다.

11. 아니다 _ 비록 어려서 술을 마시는 것이 심각한 문제이기는 하지만, 12~17세 청소년의 84%가 지난 한 달 동안 술을 마시지 않았다.

12. 그렇다.

13. 아니다 _ 술을 약과 함께 복용하는 것은 대단히 위험하고, 사고를 일으킬 수 있다.

_미국 보건후생부에서 얻은 정보임.

자신의 정신을 돌봐라

우리는 지적 차원을 쇄신하기 위해 학교생활, 방과 후 활동, 취미, 아르바이트, 기타 지력을 향상시키는 경험 등을 통해 두뇌를 개발해야 한다.

비록 벽에 걸린 학위가 중요하기는 하지만 경험과 배움을 통해 얻은 지적 능력은 그 이상의 의미가 있다. 지적 능력이 있는 사람은 훌륭한 발레리나와 같다. 발레리나는 자신의 몸을 완벽하게 컨트롤한다. 그녀는 자신의 몸을 마음대로 굽히고, 비틀고, 도약하고, 회전한다. 마찬가지로 지적 능력이 있는 사람은 집중하고, 종합하고, 쓰고, 말하고, 창조하고, 분석하고, 탐구하고, 상상할 수 있다. 하지만 그러기 위해서는 훈련이 필요하다. 결코 거저 얻어지는 것이 아니다.

요즘에는 그 어느 때보다도 지적 날카로움을 유지하는 것이 중요하다. 우리는 소설, 예술, 교양 TV, 퍼즐, 게임 등 다양한 경로를 통해 지적 자극을 받고, 지적 능력을 확장할 수 있다.

나의 지적 능력 평가하기

1. 《성공하는 10대》 300~314페이지 "두뇌를 돌보는 법"을 읽어라.
2. 다음 설문에 답하라.

	N	S	A
나는 신문이나 인터넷을 통해 최신 정보를 접한다.	□	□	□
나는 일기를 쓰거나 기록을 하거나 규칙적으로 무언가를 적는 시간을 갖고 있다.	□	□	□
나는 다양한 문화나 역사 유적을 보기 위해 여행을 한다.	□	□	□
나는 TED, 디스커버리 채널, 교육방송, 교양프로그램을 즐겨 본다.	□	□	□
나는 라디오, TV, 인터넷의 뉴스를 즐겨 본다/듣는다.	□	□	□
정신을 맑게 하고, 긴장을 풀고, 생각하기 위해 침묵의 시간을 갖는다.	□	□	□
나는 가족의 뿌리와 족보를 연구했다.	□	□	□
나는 시나 노랫말이나 이야기를 썼다.	□	□	□
나는 어려운 카드놀이나 보드게임을 좋아한다.	□	□	□
나는 토론회나 모의 UN총회와 같은 교과 외 활동에 참가한 적이 있다.	□	□	□
나는 박물관에 자주 간다.	□	□	□
나는 연극, 발레, 오페라, 연주회와 같은 문화행사에 자주 간다.	□	□	□
나는 악기를 연주할 수 있다.	□	□	□
나는 낱말 맞히기 게임을 좋아한다.	□	□	□
나는 친구들과 깊이 있고 활기찬 대화를 나눈다.	□	□	□
나는 학교에서 배우는 주제를 연구하기 위해 인터넷을 이용한다.	□	□	□
나는 컴퓨터를 사용할 줄 안다.	□	□	□
나는 요리법을 따라 좋은 요리를 만들 수 있다.	□	□	□
나는 차량 정비와 수리에 대해 약간은 알고 있다.	□	□	□
나는 도서관 회원증을 갖고 있다.	□	□	□
나는 숙제를 잘한다.	□	□	□
나는 교육을 계속 받을 계획을 세웠다.	□	□	□
나는 학교에서 영어 이외의 외국어를 선택했다.	□	□	□
나는 그저 재미를 위해 책을 읽는다.	□	□	□

3. '항상 그렇다'에 3점, '가끔 그렇다'에 2점, '전혀 그렇지 않다'에 1점을 주어 계산하라.

- 55점 이상 : 지력이 뛰어나다!
- 41~55점 : 두뇌가 꽤 많은 일을 하고 있다.
- 40점 이하 : 당신의 뇌는 자극에 굶주려 있다. 좋은 영화나 책을 보든지 게임을 하라. 당신의 뇌는 도전의 기회를 환영할 것이다.

4. 90일 후에 이 평가를 다시 실시하라. 그때는 다른 색 볼펜을 사용하라. 그 다음에 처음의 평가결과와 비교하라.

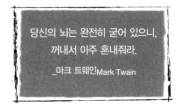

당신의 뇌는 완전히 굳어 있으니, 꺼내서 아주 혼내줘라.

_마크 트웨인Mark Twain

_ 2가지 평가 사이에 어떤 차이가 있는가?

두뇌를 쇄신하라

지적 능력을 개발하는 방법은 수없이 많다. 그 가운데 가장 쉽고 빠른 방법은 무언가를 읽는 것이다. 매일 5분도 좋고 1시간도 좋으니 가능한 한 많이 읽어라. 읽기는 모든 것의 기초이다. 이미 읽기를 실천하고 있다면, 두뇌를 쇄신하기 위해 다음과 같은 방법들도 사용해 보라.

- 매일 신문을 읽어라(지역신문, 학교신문, 영자신문).
- 수업시간에 정신 차리고 적어라.
- TED 강연이나 PBS의 프로그램과 같은 흥미로운 비디오를 가끔 보라.
- 지역정치에 참여하라.

쇄신하기

_ 내가 하는 지적 쇄신은 :

_ 이번 주에 나는 전에 몰랐던 무엇을 배웠는가?

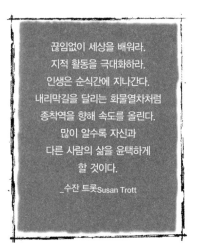

끊임없이 세상을 배워라.
지적 활동을 극대화하라.
인생은 순식간에 지나간다.
내리막길을 달리는 화물열차처럼
종착역을 향해 속도를 올린다.
많이 알수록 자신과
다른 사람의 삶을 윤택하게
할 것이다.

_수잔 트롯Susan Trott

_ 내가 좋아하는 책은 :

_ 내가 최근에 다른 사람에게 소개하거나 읽어주었던 책/음악/영화는 : (왜?)

다시 패러다임과 원칙을 생각해 보라. "패러다임과 원칙"에서 너무 학교 중심적으로 되는 것에 대해 배웠던 내용을 기억하는가? 자신의 두뇌를 돌볼 때 그 점을 잊지 말라. 그렇다고 학교를 그만두라는 것은 아니다. 성적은 미래의 교육기회로 이어지기 때문에 중요하다. 하지만 대학은 단지 취업만을 위해 이력을 쌓는 곳이 아니다. 대학은 또한 자신이 관심을 두고 있고 호기심을 느끼고 있는 것들을 배우는 곳이기도 하다. 관심사가 비슷한 평생 친구들을 만나는 곳도 대학이다.

대학 전공에 대해 스트레스를 받을 필요는 없다. 잘 생각하고 다방면으로 활동을 펼칠 수 있다면 수많은 취업 및 교육 기회가 찾아올 것이다.

_ 내가 관심을 갖고 있는 미래의 직업은 :

_ 그 직업이 내가 정말로 원하는 것인지 확인하기 위해 나는 지금 무엇을 하고 있는가?

자신의 마음을 돌봐라

롤러코스터를 타는 것과 같은 감정의 기복을
느껴본 적이 있는가? 하루는 기분이
좋았다가 다음날은 가라앉는다. 우리
의 마음은 이처럼 변덕스럽다.
그것은 우리의 신체처럼 끊임없
는 영양공급과 보살핌을 필요로
한다.

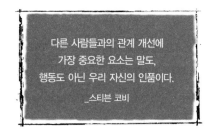

마음을 보살피는 가장 좋은 방법은
자기 자신 및 다른 사람들과의 관계를
보살피는 것이다. 그렇게 하여 시간이 가면
서로에게 좋은 감정이 쌓인다. 이러한 방식으로
삶을 살면, 다른 사람들과 자신에게 놀랄 만큼 큰 행복을 선사할 수 있을
것이다.

의미 있는 좋은 관계는 냉장고 안의 치즈에 곰팡이가 붙어나듯이 그렇
게 쉽게 생기는 것이 아니다. 사람들과의 관계는 의식적인 노력을 필요로
한다. 인간관계의 질은 어떤 노력을 하느냐에 따라 달라진다.

대인관계 좋게 하기

다른 사람들과 튼튼한 관계를 유
지하는 것이 마음을 돌보는 데 핵
심적인 부분이다. 그러나 '패러다
임과 원칙'에서 너무 친구 중심적으
로 되는 것에 대해 배웠듯이, 만일
친구들이 자신의 감정에 영향을 미

> 다른 사람들과의 관계 개선에
> 가장 중요한 요소는 말도,
> 행동도 아닌 우리 자신의 인품이다.
> _스티븐 코비

치게 하면 우리는 감정의 롤러코스터를 벗어나기 어려울 것이다.

_ 내가 더 좋게 해야 되는 대인관계는 :

_ 다른 사람들을 깎아내리는 대신 지지하고 세워줌으로써 얻을 수 있는 이익은 :

다음 문장 중에서 자신을 잘 설명한 문장에 체크하라.

나는 신뢰성이 있고, 믿음직하다.	☐
나는 삶에 대하여 항상 희망적이다.	☐
나는 가까운 사람들을 신뢰하고 지원한다.	☐
나는 대화할 때 다른 사람들의 말을 경청한다. 다음에 내가 무슨 말을 할지 생각하지 않고 그들의 말을 듣는다.	☐
나는 다른 사람들과 연락을 하고 지낸다.	☐
나는 가장 중요한 관계를 평소에 잘 관리한다.	☐
나는 필요하면 진심으로 사과한다.	☐
나는 힘든 시기나 상황을 잘 헤쳐갈 수 있다.	☐
나는 자신을 돌보는 것의 의미를 잘 알고 있다.	☐
나는 **충동**을 다스릴 수 있다. 사람들과의 힘든 관계와 어려운 상황에 침착하게 대처한다.	☐

마음을 돌보려고 애쓰고 있다면 이 체크리스트를 참고하라. 체크되지 않은 항목 가운데 어떤 하나가 마음 돌보기의 좋은 출발점이 될 것 같은 가?

성과 이성관계를 점검하라

우리는 가장 가까운 관계를 좋게 하여 자신의 감정과 마음을 돌봐야 한

다. 이성관계가 거기에 포함될 것이다. 많은 10대 청소년들이 정서적으로나 신체적으로 친밀한 관계를 가질 것인지 결정해야 할 순간을 맞는다.

성은 단순히 신체에 국한된 문제는 아니다. 감정과 관련된 문제이기도 하다. 사실 성문제에 대한 결정은 다른 어떤 결정보다도 자기 이상과 다른 사람들과의 관계에 큰 영향을 미친다. 따라서 성관계를 갖기로 결정하기 전에 혹은 성관계를 계속하기 전에, 아주 진지하게 이 문제를 생각해 봐야 한다.

나의 준비상태 조사

자신은 성관계를 가질 준비가 되어 있다고 생각하는가? 확신할 수 있는가? 성병, 계획되지 않은 임신, 감정적 의구심이 성관계에 신중해야 할 주된 이유들이다. 결정을 내리기에 앞서 이러한 문제들을 살펴보고, 다음 항목들을 점검해 보라.

다음과 같다면, 성관계를 가질 준비가 되어 있지 않은 것이다.

성관계는 곧 사랑이라고 생각한다.	☐
성관계를 가져야 된다는 압박감을 느낀다.	☐
파트너가 준비도 되어 있지 않은데 압박한다.	☐
너무 쉽게 허락하는 경향이 있다.	☐
다른 사람들도 다 하는 것이라고 생각한다. (그렇지 않다.)	☐
마음속으로는 이래선 안 된다고 생각하고 있다.	☐
임신에 대해서 잘 모른다.	☐
피임법을 잘 모른다.	☐
도덕적 신념에 어긋나는 일이다.	☐

처음 가지는 성관계에서는 임신이 되지 않는 것으로 알고 있다. (될 수도 있다!)	☐
종교적 신념에 어긋나는 일이다.	☐
다음날 아침이면 후회할 것 같다.	☐
창피하고 부끄럽다.	☐
무언가를 증명하기 위해 성관계를 갖는다.	☐
아이를 양육할 수 없다.	☐
자립할 수 없다.	☐
한 사람에게 헌신할 준비가 안 되어 있다고 생각한다.	☐
혼전 성관계는 나쁜 것이라고 생각한다.	☐
에이즈 예방법을 잘 모른다.	☐
성병에 대해 잘 모른다.	☐
성관계를 가지면 파트너가 나를 사랑하게 될 것이라고 생각한다.	☐
성관계를 가지면 내가 파트너를 사랑하게 될 것이라고 생각한다.	☐
성관계를 가지면 헤어지지 않을 것이라고 생각한다.	☐
성관계로 내 인생이 좋게 바뀔 것이라고 기대한다.	☐
성관계가 내 인생을 바꿔놓는 것을 원하지 않는다.	☐
성관계 후 관계 변화에 적응할 준비가 되어 있지 않다.	☐
술에 취했다.	☐
술에 취했으면 좋겠다고 생각한다.	☐
파트너가 술에 취했다.	☐
완벽한 성관계를 기대한다.	☐
시시하게 끝나면 견딜 수가 없을 것 같다.	☐
이상하게 생긴 팔꿈치나 바보 같은 속옷을 보고 함께 웃을 수 없다.	☐
옷을 벗을 준비가 되어 있지 않다.	☐
에이즈는 다른 사람들이나 걸리는 것이라고 생각한다.	☐
에이즈 환자는 보면 알 수 있다고 생각한다.	☐
10대들은 에이즈에 걸리지 않는다고 생각한다. (10대들도 걸린다!)	☐
성병이나 임신을 완벽하게 피할 수 있는 방법은 순결뿐이라는 사실을 모른다.	☐
성관계 후의 일에 대해 함께 이야기해 보지 않았다.	☐

성관계 후의 일을 감당할 수 없을 것 같다. ☐

부모님이 아실 것을 생각하면 끔찍하다. ☐

부모님께 반항하고 싶어서 성관계를 갖는다. ☐

너무 두려워서 생각이 잘 정리되지 않는다. ☐

성관계를 갖고 나면 인기가 높아질 것이라고 생각한다. ☐

파트너에게 '빚진' 기분이 든다. ☐

순결은 중요한 것이 아니라고 생각한다. ☐

지금은 내 자신만 생각해야 되고 남을 돌볼 수 없다. ☐

자신을 잘 돌보지 않는다. ☐

친구들에게 자랑하고 싶다. ☐

다른 사람이 알게 될까 두렵다. ☐

다시는 이런 상황이 닥치지 않았으면 좋겠다. ☐

기다려도 괜찮다. ☐

_저니웍스 출판사의 《이럴 경우에는 당신은 성관계를 가질 준비가 되어 있지 않습니다》 중에서

_ 이 리스트를 통해 자신에 대해 새로 알게 된 사실은 : (그것이 왜 유익한지 설명하라.)

_ 성문제에 대해 잘못된 결정을 내리면 나의 미래와 관계에 영향을 미칠 수 있다. 그 이유들은 :

_ 성문제에 대한 결정은 나의 자아상과 다른 사람들과의 관계에 어떤 영향을 미칠 것 같은가?

파트너의 의지도 시험해 보라. 성관계에 대한 압박을 받고 있다면, 파트너에게 거부하면 어떻게 되는지 물어보라. 만일 파트너가 헤어지겠다고 말한다면, 두말 않고 헤어지는 것이 현명한 일이다.

성공할 수 있다는 사실을 알라

인생은 어떻게 보면 해야 될 것들의 연속이고, 그래서 때로는 미칠 것 같은 느낌이 들기도 한다. 우울하거나 실망스럽거나 힘이 든다고 느껴질 때 다음과 같은 방법을 사용해 보라.

- 숨을 깊게 들이마셔라. 호흡에 집중하면 스트레스에 대한 신체적 반응을 조절하는 데 도움이 될 것이다. 혀를 입천장에 붙이고 배가 불룩해질 때까지 코를 통해 깊은 숨을 들이마셔라. 그 다음에 코나 입을 통해 천천히 내쉬어라. 최소한 3번 이렇게 하라. 몇 분 동안 긴장이 풀리고 마음이 가라앉을 것이다.
- 크게 생각하라. '그래, 이 문제가 한 달씩/일 년씩 가기야 하겠는가?'라고 대범하게 생각하라. 별다른 이유도 없이 화를 내지 말라. 만일 스트레스의 이유가 갑자기 우스꽝스럽게 느껴진다면 웃어버려라. 아마 별게 아닐 것이다!
- 자신의 반응을 선택하라. 분노, 용기, 유머, 동정심, 슬픔 등 적절하고 생산적인 반응을 선택하라. 자신의 감정을 조절하고 상황을 잘 다룰 수 있는 한 어떠한 감정을 표출해도 괜찮다.

때때로 우울하게 느껴지는 것은 극히 정상이다. 하지만 우울증이 지속될 때 문제는 달라진다.

자살을 생각하고 있다면, 제발 멈춰라. 우리는 할 수 있다. 우울증은 치료할 수 있다. 주변에 마땅히 대화를 나눌 사람이 없다면 필요한 도움을 줄 수 있는 카운슬러나 심리치료사를 찾을 수도 있다.

미친 듯이 우울증과 싸워라

_ 내가 우울해지는 경우들은 :

_ 우울한 기간은 : (얼마 동안?)

_ 나의 우울증 탈출방법은 : (자신의 행동을 설명하라.)

_ 나는 상담할 수 있는 사람이 있다. 그런가, 아닌가?

_ 그 사람은 :

_ 그의 경청 스타일은 : (그는 어떤 태도로 나의 말에 귀를 기울이는가?)

_ 그의 어떤 태도가 나로 하여금 고민을 쉽게 털어놓을 수 있게 만드는가?

_ 친구나 가족 외에 대화를 나눌 수 있는 사람은 누구인가? 심리치료사? 카운슬러? 선생님?

웃음이 보약이다

지금까지 많은 이야기를 했지만, 감정과 마음을 건강하고 튼튼하게 하는 가장 좋은 방법은 웃는 것이다. 그냥 웃어라. 크게 오랫동안 웃어라(메리 포핀스가 했던 말 아닌가?).

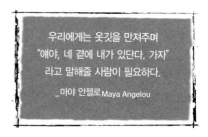

우리에게는 옷깃을 만져주며 "얘야, 네 곁에 내가 있단다. 가자" 라고 말해줄 사람이 필요하다.

_마야 안젤로 Maya Angelou

아이들이 유치원에 다니기 전까지 하루에 약 300번 웃는다는 것을 아는가? 반면 어른들은 하루에 고작 17번 웃는다. 당신은 어떤가? 하루에 300번을 웃는가, 17번을 웃는가?

웃음은 건강을 증진시키고, 병의 빠른 회복을 도와준다. 마음뿐 아니라 신체에도 보약인 것이다!

많이 웃지 않고 있다면, 웃을 수 있는 무언가를 해보라. 자신의 웃음보따리를 만들어라. 재미있는 이야기, 영화, 조크를 모아보라. 다만 적절하지 못한 상황에서 웃거나 다른 사람들을 희생시키는 웃음이 되어서는 안 된다. 이상한 일이 벌어지거나 스스로 어리석은 행동을 했을 때 웃어넘기는 법을 배워라.

웃을 수 있는 방법 찾기

_ 나를 항상 웃게 하는 것은 :

_ 내가 좋아하는 희극영화 3가지는 :

_ 내가 좋아하는, 배꼽을 쥐게 하는 영화 대사는 :

_ 내가 좋아하는 희극배우는 :

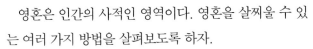

> 박장대소는 두 사람 사이에
> 좋은 관계를 만드는 가장
> 좋은 지름길이다.
> _빅터 보르즈Victor Borge

_ 오늘 나를 웃게 만든 것은 :

자신의 영혼을 돌봐라

영혼은 우리의 중심이다. 영혼 속에 신념과 가치가 있다. 삶의 목적, 의미, 내적인 안정은 모두 영혼에서 비롯된다. 영적인 삶을 쇄신하는 것은 내면의 자아를 일깨우고 새롭게 하는 것이다.

수년 동안 탄산음료와 초콜릿만 먹는다면 어떻게 되겠는가? 그는 어떠한 모습을 하고 어떤 기분을 느끼겠는가? 마찬가지로 당신의 영혼에 몇 년 동안 쓰레기 같은 것들만 공급하면 어떻게 되겠는가? 이미 살펴보았듯이 우리 인간은 먹는 것 이상으로 듣고, 읽고, 보는 존재이기도 하다. 사실 배를 채우는 것보다는 영혼을 채우는 것이 더 중요하다.

영혼은 인간의 사적인 영역이다. 영혼을 살찌울 수 있는 여러 가지 방법을 살펴보도록 하자.

- 묵상
- 미술, 음악, 기술을 통해 창의력 표현하기
- 요리처럼 손을 사용하는 일
- 영감을 주는 음악 듣기
- 다른 사람들 돌보기
- 기도
- 자연을 접하기

영혼 살찌우기

_ 나의 영혼을 살찌우는 방법은 : (자신의 행동을 설명하라.)

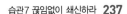

_ 그 외에 영혼을 살찌우기 위해 하고 싶은 행동은 :

_ 나는 영혼에 자양분을 공급하는가, 쓰레기를 공급하는가? 나는 원치 않는 것으로 나의 영혼을 채우는가? 그 예를 몇 가지 적어라.

스스로 자신의 영혼에 무엇을 제공할지 결정하라. 세상이 결정하게 내버려두지 말라. 매스컴은 밝은 면과 어두운 면을 모두 갖고 있다.

_ 나의 영혼은 어떤 종류의 매스컴에 노출되어 있는가?

_ 노출될 경우 나를 기분 나쁘게 하는 매스컴은 :

_ 내가 기분이 나빠진 이유는 :

소셜 미디어는 당신을 전 세계의 사람들과 연결시켜 준다. 하지만 소셜 미디어에서 당신을 제외한 다른 모든 사람이 당신보다 더 재미있게 지내고 있는 것처럼 보인다면 당신은 소외감을 느낄지 모른다. 이럴 때에는 소셜 미디어를 잠시 중단하는 것도 한 가지 방법이다. 페이스북, 트위터, 인스타그램 등을 며칠 동안 끊어 보라. 필요하면 나중에 언제라도 다시 돌아갈 수 있다.

_ 소셜 미디어를 사용할 때 어떤 기분이 드는가? 어떻게 하면 소셜 미디어를 조금 더 지혜롭게 사용할 수 있겠는가?

영혼을 돌보는 나의 능력 평가하기

자신에게 맞는 항목에 체크하라.

나는 나의 가치가 무엇인지 정했고, 그 가치에 따라 삶을 살아가려고 한다.	☐
나는 사명서를 만들었다. 나는 그 사명서에 의지하여 삶의 목적을 구체화한다.	☐
나는 묵상, 기도, 연구, 반성을 통해 매일 새로워진다.	☐
나는 자연, 교회, 사찰 등 영적으로 새로워질 수 있는 곳을 자주 찾는다.	☐
나는 정직하고 명예롭게 산다.	☐
나는 항상 진실에 마음을 열어둔다.	☐
나는 다른 사람들의 반대가 있을 때도 나의 견해를 밝히거나 진실을 말한다.	☐
나는 자주 아무런 보상도 기대하지 않고 다른 사람들에게 봉사한다.	☐
나는 어떤 것을 바꿀 수 있고 어떤 것을 바꿀 수 없는지 알 수 있다.	☐
나는 바꿀 수 없는 것은 내버려둔다.	☐

자연으로 돌아가라

자연에는 매력적인 무언가가 있다. 우리가 비록 산이나 강 또는 해변에서 멀리 떨어진 도시에서 살고 있지만, 대개는 근처에 공원이 있다. 승용차나 기차를 타고 나가면 자연을 접할 수 있다. 소셜 미디어는 당신을 전 세계의 사람들과

> 영혼은 육체에 갇혀 유폐되지 않았다.
> _존 웹스터John Webster

연결시켜 준다. 하지만 소셜 미디어에서 당신을 제외한 다른 모든 사람이 당신보다 더 재미있게 지내고 있는 것처럼 보인다면 당신은 소외감을 느

낄지 모른다. 이럴 때에는 소셜 미디어를 잠시 중단하는 것도 한 가지 방법이다. 페이스북, 트위터, 인스타그램 등을 며칠 동안 끊어 보라. 필요하면 나중에 언제라도 다시 돌아갈 수 있다.

소셜 미디어를 사용할 때 어떤 기분이 드는가? 어떻게 하면 소셜 미디어를 조금 더 지혜롭게 사용할 수 있겠는가? 자연을 접하는 것은 정신을 살찌우는 훌륭한 방법이다.

자연을 접하기

1. 《성공하는 10대》324~325페이지 "자연으로 돌아가라"를 읽어라.
2. 이번 주에 다음 활동 가운데 하나를 해보라.

- 꽃, 채소, 허브를 심어라.
- 이번 주에 매일 화단이나 채소밭에서 잡초를 뽑아라.
- 이번 주에 한 번 잔디를 깎거나 잔디에 물을 줘라.
- 일출과 일몰 광경을 지켜보고 그 차이점을 느껴라.
- 달력을 보고 다음에 보름달이 언제 뜨는지 확인하고 그 스케줄을 잡아라.
- 달의 모양이 어떻게 바뀌는지 유심히 살펴보라.
- 지역사회 내의 환경단체에 가입하고, 어떻게 하면 당신과 당신 가족이 환경과 친해질 수 있는지 배워라.
- 동네를 한 바퀴 돌아보라. 어떤 나무들이 있고, 어떤 새들이 날아다니고, 어떤 곤충들이 기어다니고, 어떤 꽃들이 자라고 있는지 확인하라.
- 동물원에 가서 두 종류의 동물을 선정하여, 각각 15분 동안 관찰하라. 어떤 차이점이 있는지 확인하라.
- 강과 호수를 비교하라. 어떤 차이점이 있는지 깨달아라.
- 물의 여러 상태(이를테면 얼음, 구름 등)를 관찰하라. 그 예를 주변에서 찾아보라.
- 근처의 언덕이나 산에 올라 동식물들의 서식지를 확인하라.

_ 내가 선택한 활동은 :

_ 자연 체험을 통해 느낀 점은 : (자신의 경험을 설명하라.)

현실적이 되어라

자기 쇄신에 대해 이야기할 때, 당신은 '현실적이 되어라. 낮에는 학교에서 생활하고, 방과 후에는 과외활동을 하고, 밤에는 공부해야 하는데 그럴 시간이 있겠는가?' 라고 생각할지 모른다. 모든 일에는 때가 있다. 균형 잡힌 생활을 할 때가 있고, 균형 잡히지 않은 생활을 할 때가 있다. 잠을 충분히 자지 못하거나, 불량식품을 너무 많이 먹거나, 공부하는 데 혹은 운동하는 데 너무 많은 시간을 쓸 때가 있다. 하지만 자기 쇄신을 할 때도 있다.

너무 오랫동안, 너무 열심히 활동하다 보면, 명확하게 생각하지 못하고, 괴팍스러워지고, 균형을 잃어버릴 수 있다. 그래서 관계를 구축하고, 운동을 하고, 자신의 영혼과 접촉할 시간이 없

> 균형은 모든 성공의 열쇠이다. 몸, 마음, 정신을 소홀히 하지 말라. 그 세 부분에 시간과 에너지를 똑같이 투자하라. 그러면 당신의 삶뿐 아니라 당신이 추구하는 것을 위해서도 최선의 투자가 될 것이다.
>
> _타냐 휘웨이Tanya Wheway

다고 생각하게 된다. 그러나 사실, 다른 활동을 하느라고 자기 쇄신을 소홀히 해서는 안 되는 것이다.

균형 되찾기

_ 최근에 나는 균형을 잃었다. 그런가, 아닌가?

_ 왜 균형을 잃었는가? 왜 균형을 잃지 않았는가?

_ 내가 보다 안정적이고 균형 잡힌 일상으로 돌아가기 위하여 할 수 있는 것은 :

믿든 안 믿든, 이 워크북을 활용하면 삶의 균형을 잡는 데 도움이 될 것이다. 질문에 답하고, 걸음마를 시도하고, 신체와 정신과 마음과 영혼에 양식을 공급하는 시간을 가졌다면 분명히 도움이 되었을 것이다. 수고들 했다!

자신이 할 수 있는 걸음마 행동 1, 2가지를 선택하라. 다른 사람에게 그 경험을 이야기하든지 그 경험과 배운 점을 여기에 적어라.

신체

① 아침은 꼭 챙겨 먹어라.

② 오늘부터 운동을 시작해서 한 달 동안 꾸준히 해보라. 걷기, 조깅, 수영, 자전거 타기, 롤러브레이드, 웨이트 트레이닝 등 무엇이든 상관없다. 재미있게 할 수 있는 것을 선택하라.

③ 나쁜 버릇들을 일주일 동안만 끊어보라. 술, 탄산음료, 튀긴 음식, 도넛, 초콜릿 등 몸에 안 좋은 불량식품을 먹지 않고 지내고 그 기분을 느껴보라.

두뇌

④ 교육적인 가치가 있는 책과 잡지를 구독하라.

⑤ 신문을 매일 읽어라. 특히 머리기사와 오피니언 란을 유심히 읽어라.

⑥ 다음 데이트는 박물관이나 다른 나라 음식을 파는 식당에서 해보라. 견문을 넓혀라.

마음

⑦ 엄마나 동생 등 가족들 중 누군가와 외출을 해보라. 함께 공놀이를 하거나, 영화를 보거나, 쇼핑을 하거나, 아이스크림을 먹어라.

⑧ 당장 자신만의 웃음보따리를 만들어라. 좋아하는 만화나 희극영화, 재미있는 조크 등을 수집하라. 스트레스가 느껴질 때 요긴하게 쓰일 것이다.

습관7 끊임없이 쇄신하라 **243**

걸음마

영혼

9 일출이나 일몰 광경을 지켜보라.

10 일기를 쓰지 않고 있다면, 오늘부터 써라.

11 매일 묵상하거나 자신의 삶을 반성하거나 기도하는 시간을 가져라. 자신에게 맞는 활동을 실시하라.

희망이 살아 숨쉬게 하라!

얘야, 너는 산을 옮길 수 있단다

희망이 살아 숨쉬게 하라

이 워크북은 어렵고 혼란스러운 10대 시기를
헤쳐나가는 데 도움을 주고 성공에 대한 희망을
주기 위해서 씌어졌다. 여러분이 발전하고,
중독증을 극복하고, 학대에서 벗어나고, 삶의
효과성을 높여주는 평생습관을 갖고, 정돈되
고 균형 잡힌 삶을 살 수 있다는 희망 말이다.
어려운 일이 아니지 않은가?

《성공하는 10대들의 7가지 습관》과 이 워크북
을 마친 후에도 엄두가 안 나고 어디서 시작해야
할지 모르겠다면, 걸음마를 시도해 보라. 이 워크북을

희망이 살아 숨쉬게 하라

다시 훑어보고 자신에게 "어떤 습
관이 가장 실천하기 어려운가?"
라고 질문해 보라.

확신에 찬 발걸음을 옮겨라.
주의 깊고 재치 있게 발을 내딛고,
삶은 '큰 균형 맞추기 게임'이란
점을 잊지 말라. 성공할 수 있냐고?
물론 할 수 있다. 98.75% 보장한다.
얘야, 너는 산을 옮길 수 있단다.

_수스Seuss 박사, 《당신이 가는 길》 중에서

_ 그 습관들 가운데 2, 3개를 골라서 여기에 적어라 .

1. _____

2. _____

3. _____

그것들을 습관으로 만들기 위한 노력을 시작하라. 몇 가지 작은 변화가 있은 후 놀라운 결과를 보게 될 것이다. 자신감이 커지고, 더 큰 행복을 느낄 것이다. 갑자기 붕 뜬 느낌을 느낄 것이다. 1가지 습관이 들었으면 그 다음 습관을 시작하라.

습관을 들이는 가장 좋은 방법은 자신의 다짐을 다른 사람들에게 알려주는 것이다.

_ 내가 이 계획을 이야기해 줄 사람은 :

삶이 힘들거나 실망스러울 때는 작은 변화가 큰 결과를 가져온다는 점을 기억하라. 희망이 살아 숨쉬게 하라!

최고에 도전해 보라. 우리는 마땅히 '최고의 나'가 되어야 한다. 다음 명언을 잊지 말라.

엉덩이를 깔고 앉아 있으면, 시간의 모래밭에 발자국을 남길 수 없다.
시간의 모래밭에 엉덩이 자국을 남기고 싶은 사람이 누가 있겠는가?
_밥 모와드 Bob Moawad

워크북을 끝내면서 마치는 말을 적어라. (진짜 여행은 이제 시작!)

걸음마

자신이 할 수 있는 걸음마 행동 1, 2가지를 선택하라. 다른 사람들에게 그 경험을 이야기하든지 그 경험과 배운 점을 여기에 적어라.

1　나는 내면의 감정, 꿈, 포부, 목표에 대한 일지를 쓰겠다.

2　나는 이 워크북을 검토하고, 내가 한 답에 대해 스스로 어떻게 느끼는지 질문하겠다. 나의 삶을 세심하게 살펴보겠다. 나는 어디로 가려고 하는가? 내가 원하는 곳으로 뻗어 있는 올바른 길을 가고 있는가?

3　나는 용기를 잃었을 때 나를 격려해 줄 명언을 기억하겠다.

4　나는 희망이 살아 숨쉬게 하겠다! 그리고 다른 사람들도 희망이 살아 숨쉬도록 도와주겠다.

걸음마 - 학습일지

_ 나는 어떤 걸음마를 시도했고, 무엇을 배웠는가?